実践！だれにでもできる現場実務シリーズ

必ず繁盛店！

チラシ・DM 200% 活用の極意

Funai Consulting Books

船井総合研究所
小野 達郎×金子 男也×平田 康人
Tatsurou Ono　Danya Kaneko　Yasuhito Hirata

同文舘出版

まえがき

私は毎日、全国を飛びまわり、さまざまな会社にアドバイスをしていますが、初回の訪問時には、多くの社長さんからこんな言葉がよく聞かれます。

「一所懸命チラシをつくっているのだけど、お客さんが来てくれない」、「以前は、チラシを打てばお客さんが来てくれたが、最近はめっきりダメだ」、「DMのレスポンスが悪く、どうしていいかわからない」、さらに「もうチラシの時代は終わったんじゃないの」、「DMなんて古い媒体に頼っていてはダメだ」、「これからはインターネットだね」との声。

これらに共通しているのは、売れない理由を「媒体」のせいにしているということです。「チラシは時代遅れ」、「DMなんて古臭い」と媒体をけなし、売れない言い訳をしているのです。

しかし、チラシ・DMが当たらないのは、その内容が悪いからです。そのチラシやDMがワンパターンであったり面白味がないものならば、当たらないのは当然です。現に、私どもの多くの支援先では、チラシ・DMを使って、業績を上げている会社が数多くあります。つまり、内容次第で大きな武器になるということです。

私は船井総研に入社以来、15年間、800社、8000種類のチラシ・DMづくりのアドバイスをしてきました。その中でいつも感じることは、当たるチラシ・DMをつくっている会社、お店は一様に、トップである社長が命がけに近いくらい、チラシやDMの内容にこだわっているということです。色、レイアウト、キャッチコピー、商品など、すべてにわたり、すさまじいこだわりを見せています。

なぜ、そこまでこだわるのか？　それは、「集客の重要性」をイヤというほど理解しているからです。商売は、お客様が来ないことには始まらないということを骨身にしみて感じているので、トップ自ら、集客に関しては決して人まかせにしないのです。

本書で一番ご理解頂きたいのは、この集客の重要性です。チラシやDMは何のためにつくるのか？　それは自社の強みを訴え、お客様を「集める」ためにつくるのです。「売る」ということより「集める」ことに重点を置き、チラシ・DMをつくらなければなりません。これが「集客」と「販売」の分離です。「集客」は通常、「マーケティング」といいます。マーケティングは購買心理に合わせ、アプローチをしてお客様を呼び寄せるということであり、販売というのはいわゆるセールス活動を指します。「マーケティング」と「セールス」はよく混同されがちですが、マーケティングはあくまでチラシやDMなどの媒体を使ってお客様を「集める」行為を指し、セールスは接客して「売る」ことを意味します。

マーケティングとセールスを分けて考えるということ。実は、これがチラシ・DMを当てるための出発点なのです。

次に大事なのが、当たるチラシ・DMの「ルール（原則）」を理解し、それに沿ってつくるということです。原則に沿えば、まだまだ当たるチラシ・DMづくりは可能ですし、少なくとも大ハズレすることはありません。

そのルールの中で特に重要なのが、「一番商品を、よりわかりやすく伝えること」です。

お客様にとって一番よいチラシ・DMとは、いながらにして、欲しい商品がどこでいくらで買えるかがわかるものです。「超多忙」な現代社会において、事前に情報収集し、効率的に買物をしたいという欲求が高まってきています。お客様に余分な負担をかけないという意味でも、一目で自社の「一番商品」がわかるチラシ・DMをつくることが重要です。

一番商品とは、以下のような条件にあてはまる商品をいいます。

①商圏内で26%以上のシェアをもっている、②伸び率が一番である、③売れ筋商品である、④競合店と比較して、アイテム数、価格で優っている、⑤競合店になく、しかも一定のお客様がついている、などです。すべての条件を満たせればよいのですが、一番商品といえるには、このうち最低2項目はクリアすることが必要です。

このような一番商品をつくり、本書を参考にチラシ・DMを作成し、業績向上に役立てていただきたいと思います。

２００２年５月

（株）船井総合研究所　大阪第一経営支援本部次長　小野達郎

チラシ・DM200％活用の極意

PART1 チラシ200％活用術

第1章 売れるチラシはココがちがう

第2章 これだけは知っておきたい「チラシづくりのABC」

第3章 まず、「チラシ計画」を立てよう

第4章 「チラシタイトル」が集客のキメ手

第5章 これが売れるチラシ企画だ！

PART2 DM200%活用術

第6章 ワン・トゥ・ワンの武器、DMを活用しよう

第7章 固定客を呼び込む「DMづくりのABC」

第8章 固定客を逃がさない顧客管理術

第9章 これが売れるDM企画だ！

第10章 DMラクラク新規開拓術

組　版　一企画
装　丁　齋藤　稔
イラスト　つのだ・さとし
制作協力　小林茂樹

PART 1　チラシ2000%活用術

第1章　売れるチラシはココがちがう

1 来店したくなるチラシづくりのコツ

●当たるチラシの裏にマーケティングあり

チラシは家庭に1か月間で500部ほど折り込まれる。まさに、情報の洪水である。そんな中、消費者の目にとめてもらい、思わず来店したくなるチラシをつくるには、どうしたらよいのだろうか。

〝当たるチラシ〟は、ほとんど共通して、きちんとしたマーケティングに基づいている。そうでないチラシは、残念ながらごみ箱に直行しているのが実情である。つまり、マーケティングひとつで、チラシは客を連れてくる〝福の神〟にもなるし、費用ばかりかかってマイナス効果しかもたらさない〝貧乏神〟にもなるのである。

それでは、マーケティングって何だろうか。

私たちは、こう考える。

「マーケティングとは、力相応に一番になれる商圏と、商品と、客を探すこと」と。

このコツを踏まえてチラシをつくることが、〝当たるチラシ〟への出発点なのである。

そして、思わず来店したくなるチラシづくりのコツとは、マーケティングに始まり、マーケティングに終わるのである。

●商品と商圏を絞り込む

例えば、西日本ナンバー1のペットショップのケース。一番商品である子犬（なかでも小型犬）を中心としたチラシを、自店の客が多く分布するエリア（10万世帯前後）だけに折り込んでいる。

つまり、この場合は、一番商品を中心とした商品を、お店が圧倒的に一番になれる商圏にチラシで伝えているのである。それ以外は、マーケティングのピントがボケてしまい、チラシが当たらなくなるので、短期的にはむやみに拡大しない。これが、マーケティングの基本である。

このように、一番店がいつも打っているチラシは、マーケティングの原理原則が踏まえられている。

思わず来店したくなるチラシづくりのコツ。繰り返すが、それは、チラシの初心者からベテランまで、マーケティングに始まり、マーケティングに終わるのである。

一番商品
Pet SHOP
Festival
Pet SHOP

2

商品力をベースとしたチラシが肝心

●集客に貢献する商品を載せること

たまに、イメージ写真や女性モデル、高嶺の花的な商品などを大きく載せたチラシを見ることがある。

これらは、いわゆる自己満足チラシというものだ。残念ながら、業績にはあまり貢献してくれない。やはり、商品力をベースとしたチラシが肝心といえる。

商品力をベースとしたチラシとは、お客様が欲しい商品が載っているかどうか。これが一番大切だ。それには、集客に貢献する商品をたくさん載せるのがポイントである。集客商品は、①低単価必需品、②下グレード商品だ。

例えば、繁盛している小売店のチラシというのは、紙面の半分以上に生活必需品を載せているケースが多い。低単価必需品や下グレード商品といった集客に貢献する商品が主役である。そして、売上・利益に直結する商品は準主役という位置付けだ。もちろん、イメージ写真や女性モデル、高嶺の花的な商品は、ほとんど載せない。

●集客できなければ利益にも結びつかない

逆に、苦戦している小売店のチラシというのは、あまり集客に貢献しない商品を中心に載せているケースが多い。ハイイメージな商品が主役であり、低単価必需品や下グレード商品は準主役という位置付けだ。

売り手の心情としては、誰だってたくさん売上を稼ぎたいので、売り手は高単価商品を売ってガツンと儲けたいという気持ちになりがちだ。

しかし、そのような商品は売上や利益には貢献するが、集客には貢献しにくい。そうなると、消費者はなかなか足を運んでくれない。したがって売上が伸びず、利益も出ないという悪循環に陥ってしまう。

やはり、業績アップのステップは、①客数、②売上、③利益、である。

どんな業種であれ、ピンからキリまである商品のうち、集客においてどれを主役にして、どれを準主役にするかが大切だ。

低単価必需品や下グレード商品を中心に、集客への貢献をメインテーマに、商品力をベースとしたチラシをつくることは、とても大切なことなのである。

イメージ写真や女性
モデルは自己満足!!
98円
TOILET
Paper
低単価必需品・下グレード商品

3

「安さ感の演出」がキーワード

●粗利を削らず安く見せる

チラシの目的は集客である。集客における不可欠な要素は、安いということだ。

ただし、ただ安ければよいというのではない。できれば、粗利を削って値下げする前に、価格が安そうに見える演出を人一倍工夫するのである。売れるチラシは「安さ感の演出」がキーワードなのだ。

例えば、何千万円もするマンションでも、安さ感の演出で反響が良くなる。

「分譲価格○千万円のAタイプをご購入の場合、ご返済額はズバリ家賃並みの月々△万円」などという表現だ。

この場合は、本来の価格を1円も下げていない。しかし、そのマンションが安いような錯覚をもたらす。これが演出だ。

●お客様にインパクトを与える値引きの方法

仮に価格を下げる場合でも、例えば「初夏のTシャツフェア、2着買ったらもう1着プレゼント」などとするのが演出というものだ。

この場合は、お客様の立場から見たら33％引きに見えるが、実際は原価分しか損をしていないので、20％未満の値引きにすぎない。

すなわち、この演出ひとつで10％以上の粗利を稼いでくれ、お客様にはインパクトを十分に伝えることができるのだ。

さらには、もし、キャッシュバックキャンペーンをするなら、現金ではなく金券を30％割増で差し上げるほうがいい。厳密には「キャッシュバック」ではないが、同じコストで1・3倍のお得感が演出できる。しかも、再来店につながる。

いずれにせよ、商売人たるもの、1円でもお金を粗末にしてはならない。ただ安直に値下げすることは、死に金を使うことだ。しかし、安さ感を演出をすれば、それは生きた金になる。

しかも、今、世の中はデフレ時代である。デフレのときこそ、ただの安売り屋は淘汰される。今こそ、安さ感の演出を徹底して頂きたい。

2着買ったら
もう1着
プレゼント!!!
キャッシュバック
キャンペ
金券30%割増!

4

計画的にチラシを打とう

●回数を優先してコンスタントに打つ

よく、「来月は売上が落ちそうだから、チラシでも打つか」とか、「今のところ資金繰りが厳しいからチラシはやめておこう」という経営者がいる。いわゆる、行き当たりばったりのチラシの打ち方だ。

これでは、経営そのものが行き当たりばったりになってしまう。それよりも、会社として年間いくら売りたいのかを決めるのが先決だ。その上で、広告宣伝費の予算を決めるのである。その目安は、粗利高の10～15％以内だ。

広告宣伝費は、会社の先行投資である。したがって、年間を通して計画的にタイミングよくチラシを打っていくのが大切である。そして、基本的には回数を優先してコンスタントに打つのが肝心だ。いつもチラシが入っていると飽きられるのではないかと心配する人もいるが、思い出したようにチラシを打って百発百中の販促効果が得られるほど、甘いものではない。

むしろ、いつも継続して入っているからこそ認知度が高まり、逆に安心されるのである。サイズ、色、枚数を削減してでも、力相応に回数を優先すべきである。

●認知度を高めるため、毎回同じタッチで

また、チラシの色やレイアウト、そして、折り込む曜日等は、基本的に同じ切り口にするのが望ましい。そのほうが、消費者に記憶されやすい。そして、認知度がより高まり、売り出しの反響にもつながりやすいのだ。

仙台のある喫茶店では、社長の似顔絵をマンガにしたメッセージチラシを打っている。低コストだが地元の評判も良く、認知度が高まった。

また、茨城のある旅行会社では、毎月茶紙の手書き風チラシを同じタッチで打っている。載せる商品は、季節ごとに変えているが、同じ風合いの低コストなチラシを気長に辛抱強く続けている。今ではその会社のトレードマークのように認知され、チラシの反響は、回を重ねるごとに良くなっている。

やはり〝継続は力なり〟であり、売り出しの成否はチラシで認知されて決まるといえる。

認知度が高まる手書き風チラシ

5

チラシ制作準備のポイント

●タイミング、エリア、掲載商品の見極めが大切

売れるチラシを制作するための準備のポイントは、大きく分けて3つある。

(1) 仕掛けるタイミングを見極める

チラシによる売り出しを仕掛けるにあたり、お客様の立場に立って一番懐が温まり、お金を遣いやすい心理のときにチラシを打つのは、大切なポイントである。給料日直後やボーナスが支給された直後は狙い目である。よって、その頃に打つのがよい。

逆に、懐が寂しく、お金を遣いにくい心理のときは、避けたほうが賢明だ。

例えば、ゴールデンウィーク後の5月後半は、レジャーでお金を遣ってしまった人が多い上、自動車税の納税通知書が届くので、購買意欲が低下する。したがって、あまり期待しないほうがよいだろう。

(2) 配布するエリアを把握する

チラシを配布するエリアは、お店の商勢力の及ぶ範囲である。すなわち商圏内に配布するということだ。

したがって、日頃から自店の商圏を把握しておく必要がある。

商圏分析の手法はいろいろあるが、一番簡便な方法はプロット法である。自店の周辺地図上に、顧客名簿の住所をシールでプロットしていく方法だ。この方法によれば、ほぼ自店を中心に顧客が分布していることがわかる。プロットがまばらなエリアをカットした後、山、河川、幹線道路といった分断要因を境に、最終的に商圏を把握する。

もし顧客名簿がない場合は、お客様アンケートを実施し、継続的に利用できる名簿を作成しなければならない。

(3) 売れ筋商品を把握する

商品を、売上への貢献度によって、Aランク、Bランク、Cランクと分析し、売れ筋商品を認識しておく必要がある。いわゆるABC分析だ。

そして、お客様を集める商品、売上を伸ばす商品、利益を稼ぐ商品として分類・把握し、チラシでの商品戦略のストーリーを描いておくことが肝心だ。

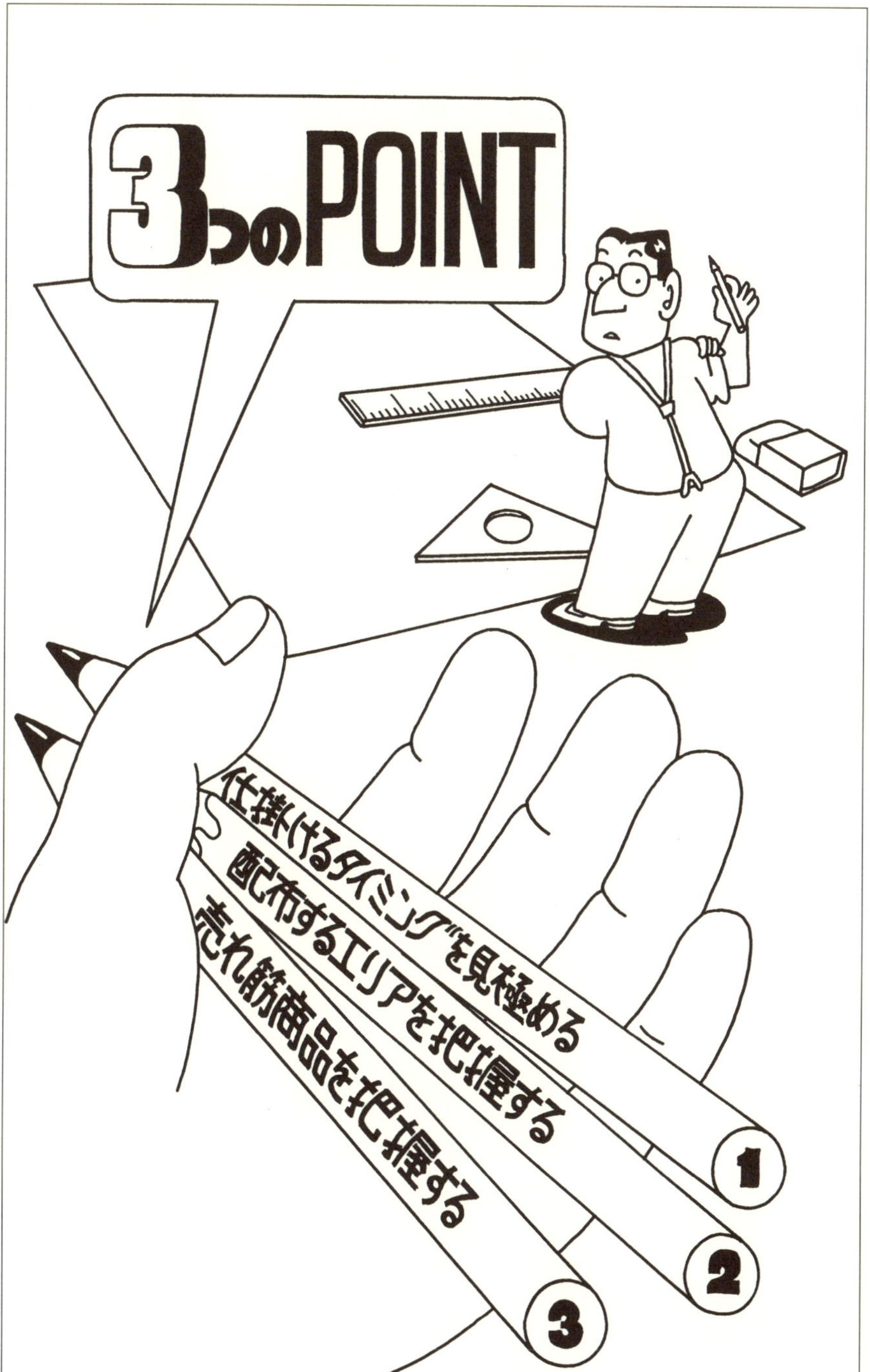
3つのPOINT
仕掛けるタイミングを見極める
配布するエリアを把握する
売れ筋商品を把握する
1
2
3

6 チラシに"一番商品"を訴求しよう

●一番と二番では雲泥の差

日本で一番高い山といえば、富士山である。では、二番目に高い山といえば、どこだろうか。おそらく、簡単には答えられないだろう。

また、最初に大西洋単独横断飛行に成功した人物といえば、リンドバーグ。では、二番目に成功した人物は、誰だろうか。これも、おそらく簡単には答えられないだろう。

日本で二番目に高い山は、南アルプスの北岳である。標高差はわずかだが、一番の富士山と比べたら、知名度は雲泥の差である。また、大西洋を二番目に単独横断飛行した人物は、バート・ヒンクラー。彼は、リンドバーグよりも優秀なタイムと燃費で飛行することができたが、彼の名を知る人はあまりいない。

つまり、一番と二番の差は、二番と一〇〇番の差より大きいのである。

私たちは、こう考える。

「マーケティングとは、力相応に一番になれる商品を創造すること」と。

このことをチラシづくりに置き換えると、力相応に一番になれる商品を創造し、PRし続けることがポイントであるといえる。

●自店の"一番商品"は何だろう

では、一番商品とは、どのような位置付けのものなのだろうか。

一番商品とは、

・商圏内で4人に1人以上に売っている
・売れ筋商品である
・商圏内でそこにしかなく、一定して支持されている
・商圏内で価格と品揃えが優っている

に当てはまれば、よいのである。

したがって、チラシを打つ際、力相応に上記に当てはまる一番商品を載せて打つようにしたい。

また、これから一番に育てていこうという商品をチラシで継続してPRすることにより、主体的に独自の一番商品に育て、確立していく努力も忘れないで頂きたい。

一番商品とは
●商圏内で4人に1人以上に売っている
●売れ筋商品である
●商圏内でそこにしかなく、一定して支持されている
●商圏内で価格と品揃えが優っている
OPE
7月10

7 チラシに笑いや愛嬌を

●楽しいチラシはウケがいい

ちょっと着飾って好きなものを買いに行く行為をショッピングというならば、エプロン姿でのいつもの買い物は、バイイングだ。ショッピングは楽しい。そして、バイイングは、どちらかというとルーティーンの面倒な仕事ととらえられている。

けれども、ショッピングではもちろんのこと、バイイングでもお客様に楽しく買い物して頂くことは大切だ。「商は笑なり」があるべき姿であろう。商いをする際、商人は笑いや愛嬌を絶やしてはいけない。

これは、当然チラシにもいえる。チラシの読者は女性がほとんどだから、なおさら笑いや愛嬌で喜ばせるほうがウケがいい。

●イメージアップと親しみやすさをもたせる狙いで

例えば、静岡のペット霊園のチラシは、天使になったイヌのイラストをかわいらしく入れている。従来の暗いイメージを（失礼にならない程度に）明るくするために、一役買っている。

また、兵庫県明石市の住宅リフォーム会社では、社長が笑っている似顔絵を毎回チラシに載せて、住宅リフォーム会社への親しみやすさを演出している。特に、以前その会社で家を建てたＯＢ客からの反響は抜群である。

そして、京都の老舗ホテルでは、宿の理念を4コママンガで面白おかしく表現し、敷居の高さをやんわりと伝えている。あまり行儀の良くない客層を駆逐したいのが狙いだが、あまりにも露骨に言ってしまったのでは、身も蓋もない。やはり、そのような場合こそ、笑いや愛嬌が実に便利なのである。

さらには、大阪のある家電量販店では、お客様のほとんどが値切ろうと交渉するので、店員は「いやー、もう下がりまへんわ。あと下がると言うたら私の頭ぐらいですわ」といって、ハゲ頭を下げておじぎするようにしている。それにより、商談が有利にまとまる確率は高い。そしてその店では、お笑いタレントをキャラクターとしてチラシにいつも載せている。

古今東西、「商は笑なり」。チラシに愛嬌を入れよう。

親しみやすいペット霊園と老舗ホテルのチラシ

8

お店のことをもっと知ってもらう

●お店の信用を失わないために

以前、チラシを見て、ある飲食店へ閉店20分前に行ったところ、ラストオーダーを終了しましたといって、追い返されたことがある。

だったらチラシにそう書いてくれよ、と思った。その店には二度と行っていないどころか、その時の感想が、しばしば酒の肴になる。

これが商品だったら、もしもそのとき気に入ってもらえなくても、お店としては別の商品で戦う余地がある。つまり、品揃えには明日があるといえる。しかし、お店の信用はそうはいかない。一度失った信用を挽回するのは一苦労だ。

したがって、お店の信用にかかわる必要最低限のことは、チラシのような不特定多数向けの媒体では、品揃え以上に細心の注意を払って告知しなくてはならない。

●信用アップの努力も重要だ

一方、お店の信用をアップさせる努力も大切だ。創業○○年とか、地域一番店などは、可能であれば必ず載せたい。また、○×の年間取扱実績ナンバーワンなど、ある商品の1点突破でアピールしてもよい。

さらには、お客様自身にチラシに登場して頂くのも有効だ。

ある小売店では、B4チラシの右下の店舗名付近に、常連さんの顔写真を20カット載せた（もちろん、お客様の了解を得て）。すると、お店の信用が少しアップした。チラシを見て来店した新規客は、まるでその地域のみながその店で買っているように思ったそうだ。

また、写真に載ったお客様がニコニコ顔で来店してくださった。そして、写真のことを知人に自慢してくださった結果、クチコミにもなった。

お客様は、最初は商品を気に入って買い物してくれるのだが、固定客になるにつれて、接客態度や店の雰囲気、客層、看板までを気に入って買い物をしてくれる。だからこそ、チラシの商品以外の部分は重要だ。大きなスペースはとれないが、最小の表現で最大の効果を演出して頂きたい。

可能で
あれば必ず
載せたい
創業60年
老舗の味
○○屋
お客様に
チラシに登場
していただく
のも有効

PART 1　チラシ200%活用術

第2章　これだけは知っておきたい「チラシづくりのABC」

9 進行スケジュールを決めよう

●当たるチラシは綿密な準備から

当たるチラシを打つためには、きちんと準備をし、計画的に進めなければならない。スケジュールに追われて、間に合わせでつくったチラシほど、当たらないものだ。理想的には、約2か月（60日）前から着手すべきである。以降、時系列で追っていく。

まず、60日前に、チラシ期間（通常4日間）の売上予算を決める。最近の売上や昨年同時期の売上、あるいは自分の仮説等を考慮して決める。それに対してかけられるチラシの費用を決め、配布部数、チラシのサイズ、カラー、紙質を決定していく。そして、それらの条件に基づき、売上予算達成のためのチラシ企画を練っていく。

●反響の見込める品揃えが肝心

次に、50日前にチラシに載せる商品を選び、仕入れの交渉を進める。ここでは、一番商品や低価格高頻度商品を中心に、反響の見込める品揃えにすることが肝心である。

そして、40日前にはそのチラシの商品を決定し、原稿（ラフ）の作成にとりかかり、30日前には印刷業者等に原稿提出できるようにしたい。

原稿を提出後、数日で校正原稿ができるので、20日前には文字や価格の間違いはないか、メリハリはどうかなど、文字段階の校正（文字校正）をする。そして、10日前には、実際にカラーのついたチラシの原稿をチェックして、色の修正（色校正）を行う。

チラシが最終的にでき上がったら、印刷業者等からオリコミセンターへ、そして1日～3日前にオリコミセンターから新聞販売店へとチラシが流れ、各家庭へと配布される。

●スケジュールに余裕を持つ

以上がスケジュールの流れだが、大切なのはスケジュールに余裕を持つこと。そうすると、企画や商品、表現方法等を推敲できるので、チラシを熟成させることになる。これでいいと思っても、後から「あ、あそこはこうしておけばよかった」ということが起こりかねない。しっかりと計画を立ててチラシを作成して頂きたい。

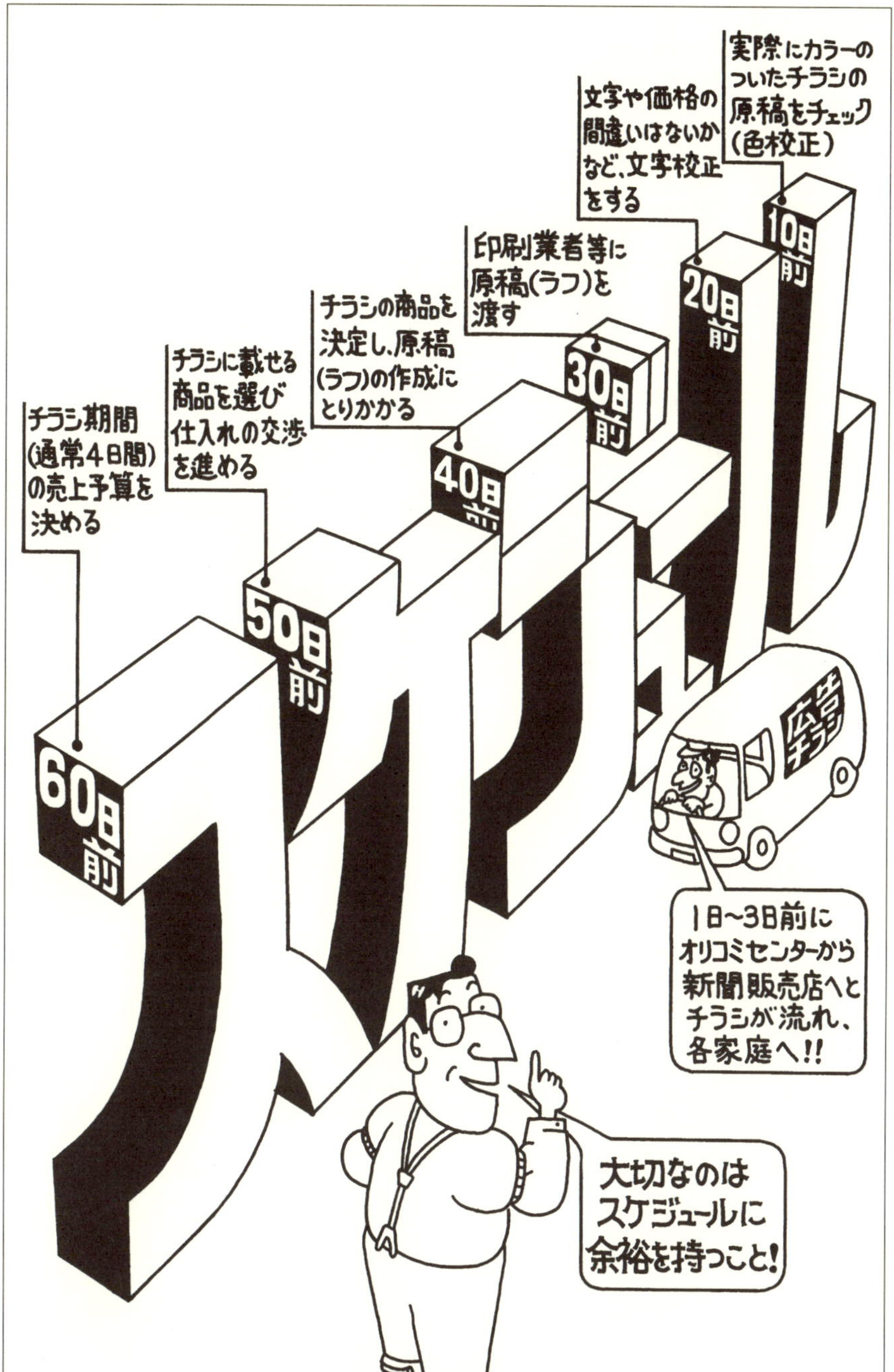
実際にカラーの
ついたチラシの
原稿をチェック
（色校正）
文字や価格の
間違いはないか
など、文字校正
をする
印刷業者等に
原稿（ラフ）を
渡す
チラシの商品を
決定し、原稿
（ラフ）の作成に
とりかかる
チラシに載せる
商品を選び
仕入れの交渉
を進める
チラシ期間
（通常4日間）
の売上予算を
決める
10日前
20日前
30日前
40日前
50日前
60日前
スケジュール
広告
1日〜3日前に
オリコミセンターから
新聞販売店へと
チラシが流れ、
各家庭へ!!
大切なのは
スケジュールに
余裕を持つこと!

10 チラシの企画内容を決める

●売上見込みに沿った予算設定を

チラシの企画内容を決めるには、まずはじめに予算ありきだ。いくらの売上を上げるのか。それを決めるのが第一だ。

まず、売上については、いつもそれ以上の数字を見込むことができないと、チラシを打つうまみがない。通常の物販業の目安として、チラシ期間の売上は、通常の1・2倍以上を目指したい。

そして、どれだけのチラシコストをかけるのか。費用を湯水のごとく使っていては、結果的に赤字になってしまうので、通常の物販業の目安として、粗利益額の10～15％以内に抑えて頂きたい。

●綿密な商品企画がセールの成功につながる

予算が決まったら、どんな商品を中心に売っていくかを検討し、セール期間中の商品企画を決める。

商品はチラシの生命線だ。その時期に一番売れる商品、低価格必需品、自店の一番商品、最近の売上や昨年同時期の売上に貢献している売れ筋商品などを中心に企画する。そして、主力となるそれらの商品ごとの売上目標、販売個数を具体的に決め、商品企画内容の詳細を詰めていく。

これが曖昧だと、ロスが出る。ロスとは、①売れ残った商品を値下げするロスと、②鮮度が劣化して廃棄するロス、そして、③商品があったら売れたのに、なかったために販売チャンスを逃して生じるロスがある。

いずれも、商品企画の甘さから発生する。そうならないために、綿密な商品企画を立てることが、とても重要なのである。

商品企画が決まったら、チラシでの表現方法を決める。表現方法とは、言い換えると、価格の低さと価値の高さのギャップが、他店の商品のそのギャップより大きくなるように伝える方法である。

具体的な企画事例については第5章で述べるが、自社独自のものをつくり出すことが大切である。そして、それを磨き続けることこそ、チラシ200％活用の極意なのである。

企画内容
ロス
これが曖昧だとロスが出る
① 売れ残った商品を値下げするロス
② 鮮度が劣化して廃棄するロス
③ 商品があったら売れたのに、なかったために販売チャンスを逃して生じるロス

11 タイトルはメッセージ調で

●商品力プラス人間力の訴求

ここ数年、消費は低迷し、商品の売れ筋・死に筋がはっきりしてきたため、小売店も売れ筋に集中した商品構成へ移行してきた。その結果、どのお店も似たような品揃えになり、チラシのほうも似かよってきた。

そのような中、チラシで他店と差別化するには、商品力をベースとした上で人間力を訴求するのが大切だ。なぜなら、同じ商品が2つの店で同じ価格で売られていたら、お客様は、店員やお店の雰囲気が良いほうで買い物をするからだ。

そこで、チラシのタイトルで自店の打ち出したいものをズバリの表現で訴求しながら、店員やお店の雰囲気が身近に感じてもらえる工夫をしたい。

それには、1人ひとりのお客様に届けるメッセージ調のタイトルがよい。よりお店や商品を身近に感じてもらえるからだ。

●ワン・トゥ・ワンのメッセージを

例えば、住宅リフォーム会社が梅雨時にチラシを打つなら、「その雨もり、止めてみせます」というメッセージ調のタイトル（左ページ参照）。

また、ペットショップの子犬特集のチラシなら、「この際、飼ってみませんか」というタイトルも訴求力がある（左ページ参照）。

その他、「ワンちゃんと一緒にお茶しに来てください」（ドッグカフェ）、「ペットが亡くなったら葬儀してください」（ペット霊園）、「夏休みはペットと過ごしませんか？」（ペットショップ）などの例が挙げられる。

いずれも、その店のオーナー、店長、売場担当者が、そのセールに対する熱い思いや店自体に対する思い入れ＝メッセージを、顔写真や似顔絵付きで、ストレートに表現している。

今後、マンネリチラシは、どんどん淘汰されていく。そして、店員やお店の雰囲気が良いチラシが信用を勝ちとっていく。

だからこそ、商品力をベースとした上でメッセージ調のタイトルを活用して頂きたい。

ワン・トゥ・ワンのメッセージを強調したチラシ

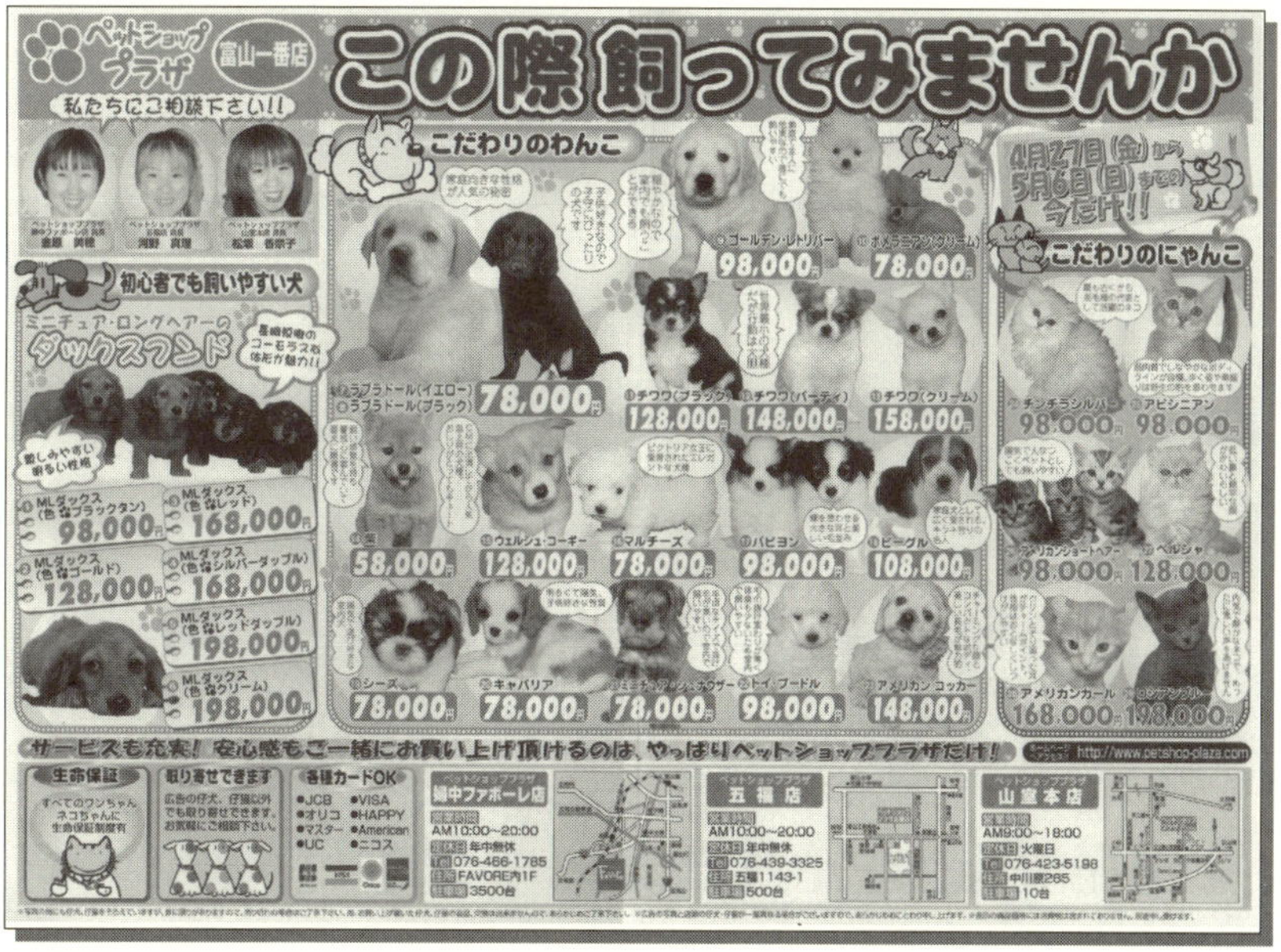

12

催事タイプ別チラシの色の決め方

●催事のタイプによって色を使い分ける

チラシ印刷の色数には、主にカラー（4色）、2色、1色の3パターンがある。

売り出す商品や企画のタイプによって、それぞれ使い分ける。催事のタイプによって押さえておきたいセオリーがあるのだ。

基本的にイメージを大切にする商品や、ここ一番に打つチラシにはカラーを使う。その場合は、くっきりと目立つ黄と赤をふんだんに使う。例えば、オープンセールや創業祭の時だ。

一方、普及率の高い商品や、生活必需品、低価格品等の通常のチラシは、一般的には2色や1色の印刷で十分といえる。

ただし、このようなチラシの場合は無機質になりがちなので、コメントをたくさん盛り込んだり、手書きのタッチで作成したりして、温かみを出す必要がある。

つまり、①安さ感を打ち出す、②メッセージを伝える、③いつもと違う演出をする、という3点がポイントとなる。

このような方法は、在庫一掃セール、店じまいセールなどに使われる。

●費用対効果を考慮に入れて色数を工夫する

チラシの色は一般的にはカラーのほうが目立ち、人目を惹きやすい。しかし、2色や1色よりも費用がかかる。したがって、色を決めるときは、費用対効果を常に考える必要がある。

通常は4色だが、チラシ予算が厳しいときには2色にするとか、あるいは、表面は4色だが裏面は1色にするといった工夫が必要だ。

また、競合店との棲み分けも考慮しなければならない。強い競合店と同系色を使うことは避けたほうが賢明だろう。

いずれにせよ、一度チラシの色を決めたら、基本的にその色で継続して打つことを心がけてほしい。そのほうが消費者に色覚的に記憶してもらいやすく、認知度や反応率を高めることにつながるからだ。

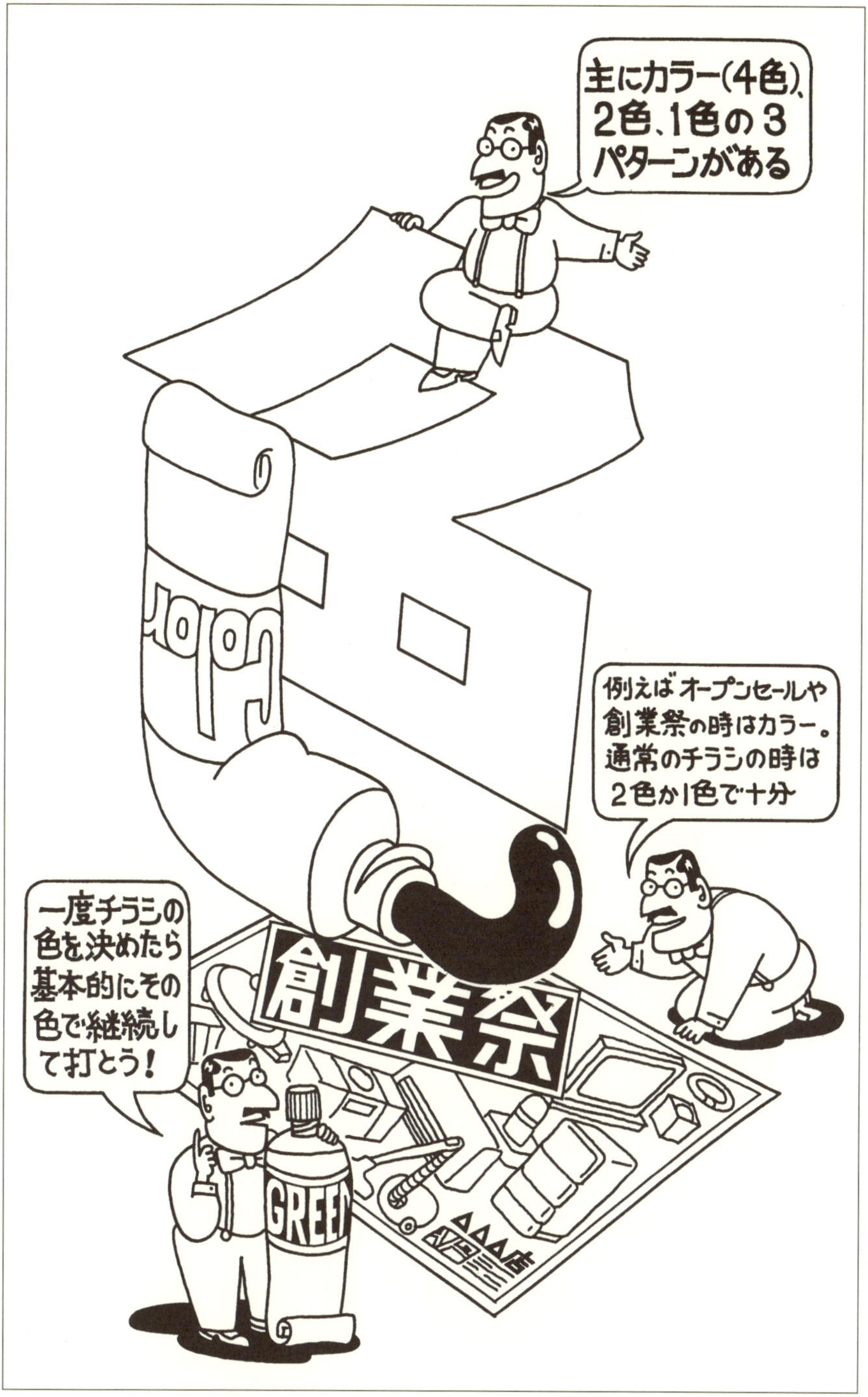
主にカラー(4色)、
2色、1色の3
パターンがある
Color
例えば オープンセール や
創業祭の時はカラー。
通常のチラシの時は
2色か1色で十分
創業祭
一度チラシの
色を決めたら
基本的にその
色で継続し
て打とう！
GREEN
△△△店

13 欠かせないチラシ目玉の選び方

●価格目玉と価値目玉

現代は商品供給過多の時代である。

そのような状況で売り出しを普通にやっても、並み以上の成果は期待できない。やはり、チラシにお客様の目を惹き付ける商品が必要になる。それが目玉だ。

目玉の選び方のポイントは2つ。

すなわち、①価格目玉、②価値目玉である。

わかりやすく具体的に、紳士服販売のケースで考えてみよう。

まず、「あの店の1万9000円のスーツはメチャクチャ安い！」というのが価格目玉といえる。

とにかく安さで勝負。スーツを消耗品として考えているお客様を対象にしている場合に有効だ。

そして、「あの店のスーツは、同じ値段のものなら、他のどこよりも生地が上等でセンスもいい！」というのが価値目玉といえる。

購買経験が深く、スーツを見る目があるこだわり派を対象にしている場合に有効だ。

●自分のお店に合った目玉は何か

それでは、自分のお店の商品と客層に当てはめてみたら、どうなるだろうか。

自分のお店の独自のスタイルや状況に合った目玉は、どの商品だろうか。

まず、自分のお店を客観的に理解することが重要だ。

短期的には、価格目玉でアピールするのが有効。その際、お客様の購買頻度の高い商品や銘柄で仕掛けていくのが肝心だ。そうでないと、目玉が空回りしてしまう恐れがある。

また、お店のコンセプトがなし崩しになってしまわないように目玉を選んでいくことも大切だ。

そして、中・長期的には、価格目玉よりも価値目玉で勝負できるように挑戦して頂きたい。

価値を目玉にするということは、商売としての知恵が要求され、チラシで伝えなければいけないことも増えるため、時間も手間もかかる。しかし結果的には、そのほうが競合しにくく、安定して儲かるのである。

目玉の選び方のポイントは2つ
価値目玉、価格目玉
同じ値段のものならほかのどこよりも生地が上等でセンスもいい！
1万9000円はメチャメチャ安い!!
短期的には、価格目玉でアピールするのが有効。中・長期的には、価格目玉よりも価値目玉で勝負できるように挑戦して頂きたい！

14 価格が安く見えるチラシづくり

●価格の低さをお客様に感じさせるテクニック

チラシでの集客のポイントは、価格の低さと価値の高さのギャップを大きく伝えることだ。特に安さをアピールするのは即効性がある。短絡的に安売り屋に成り下がってしまうことは避けなければならないが、安さ感を演出することは、どんなグレードの商品にも必要だ。

グレードごとに有効な安さ感の演出は、次のようにルール化することができる。

●商品グレード別の演出方法

(1) 下グレード・低単価品

①「爆弾マーク」をつける。価格のまわりを爆発したように波立たせる方法。古典的だが、プライスを目立たせ、メリハリをつけることができる。

②「まとめて10個で３０００円」といったバンドル販売も効果的である。主に消耗品のセールで使われることが多い。

(2) 中グレード・中単価品

①「ズバリ、40％ＯＦＦ」など、割引率の表示が有効。爆弾マークとの併用も効果的だ。

②均一価格による安さ感の演出も有効だ。これは品揃え型の商品で活用したりする。

③「通常価格３万円が、ズバリ1万９８００円」などの二重プライスの表示も捨てがたい。お客様の中には、購買頻度の少ない商品は標準価格を目安に買う人もいるからだ。

ただし、二重プライス表示は、以前から販売している実績のある商品に絞ること。裏付けのない二重表示は、公正取引委員会から勧告を受けかねない。

(3) 上グレード・高単価品

①「1日当たりわずか３００円」などと換算することによって、安さ感を演出する。

②「おすすめ○○パックが18万円」といったセット販売によって安さ感の演出をする。

なお、これらはあくまでも原則であり、商品によっては下グレードでも二重プライス表示をするし、中グレードでも1日換算の安さ感演出を用いることもある。

【上グレード・高単価品】
おすすめ○○パック
18万円
ズバリ
40%OFF
【中グレード・中単価品】
「爆弾マーク」をつける！
¥98
【下グレード・低単価品】

15

競合対策も万全に

●タイミング、品揃え、価格をチェック

チラシを打つときは、競合店対策をしなければならない。そうでないと、せっかく費用をかけて広告しても無駄に終わってしまう危険性がある。

特に価格に関して、同じ商品を競合店より高く載せてしまったら、「うちの店は高いですよ」と宣伝してるようなものだ。

そうならないために、まずは、競争相手のチラシをチェックし、傾向と対策を練っておく必要がある。

1つ目のチェックポイントはタイミング。競合他社のチラシはいつ頃、何曜日に折り込まれるかということを押さえておく。

例えば、強力なライバル店が毎月25日前後に打っているのなら、自店は月末などに打つようにする。また、強力なライバル店が金曜日に打っているのなら、同じ曜日は避け、土曜日などに打つようにする。

2つ目のチェックポイントは品揃え。競合他社の商品の部門や単品ライン、単品を把握することだ。

近くの競合店や強力なライバル店が力を入れている部門や単品ライン、単品には重ならないようにし、自店独自の商品を確立できたら一番よい。

そして、3つ目のチェックポイントは価格だ。特に価格目玉の商品が他店よりも高かったら、集客に結びつかなくなってしまう恐れがある。商品が重なる場合は、価格を勉強しなければならない。また、中心価格帯が強力なライバル店と重ならないように注意することも必要だ。

●自店の位置付けを客観的に知る

いずれにしろ、強者に真っ向勝負するのは、得策ではない。逆に、自店が圧倒的な一番店であるなら、他店と同じ頃、同じ曜日にぶつける作戦をとる。なぜなら、競合店皆無の場合より、はるかに力の弱い競合店がある場合のほうが、利益上は自分にプラスになるからだ。

これらのチェックポイントで肝心なのは、自店の位置付けを客観的に把握し、ふさわしい対応を選択するということだ。

揃え
タイミング
価格
SALE
OPEN
Sale

16 チラシレイアウトを作成しよう

●レイアウト3つのポイント

レイアウトを決める際のポイントは、大きく分けて、①見やすさ、②企画のタイプによるアイテム数、③部門別予算の3つだ。これらを踏まえてレイアウトを作成するのが定石だ。日常のチラシもこの定石にのっとってレイアウトされており、必然的に消費者もこれになじんでいる。だから、基本的な定石は大切にして頂きたい。

まず、①の見やすさだが、お客様の目線はチラシを左上からZ型にたどる。だから、チラシの四隅には魅力のある商品を持ってくるのが基本だ。左上には目玉商品、右上には定番売れ筋商品、左下にはもっとも強い一番商品、右下にはグレード高めのおすすめ商品、とするのが原則となる。

また、単品ごとにくくってあげるのも、見やすさに直結するので、無視できない。

次に、②の企画のタイプによるアイテム数だが、企画のタイプを分類すると、品揃えを訴求する定番型、定期的に行う売りつくし型、メッセージ中心のメッセージ型に分けられる。それぞれ目安のアイテム数が異なり、多すぎても見にくくて読んでもらえないし、逆に少なすぎても迫力が出ない。定番型が概ねB4サイズの裏表で150アイテムが目安だ。売りつくし型で100アイテム、メッセージ型でも70アイテムは掲載したい。

●チラシレイアウトは売場づくりに似ている

そして、③の部門別予算。部門ごとの売上目標に応じたスペース（面積）を配分する。原則的には、予算の構成比の高い部門を大きくスペース配分し、売れる商品をより一層伸ばすという長所伸展法でレイアウトをつくっていく。

これらの①、②、③を通して、チラシのレイアウトを作成していくのが定石だ。そして、これらの定石は、売場づくりの考え方と似ている。お店に行くたびにお目当ての商品の陳列場所が変わっていたら、買い物がしづらいだろう。半年や1年単位でのリニューアルは必要だが、基本的にはレイアウトはコロコロ変えないほうがよい。このことは、当然チラシにもいえる。

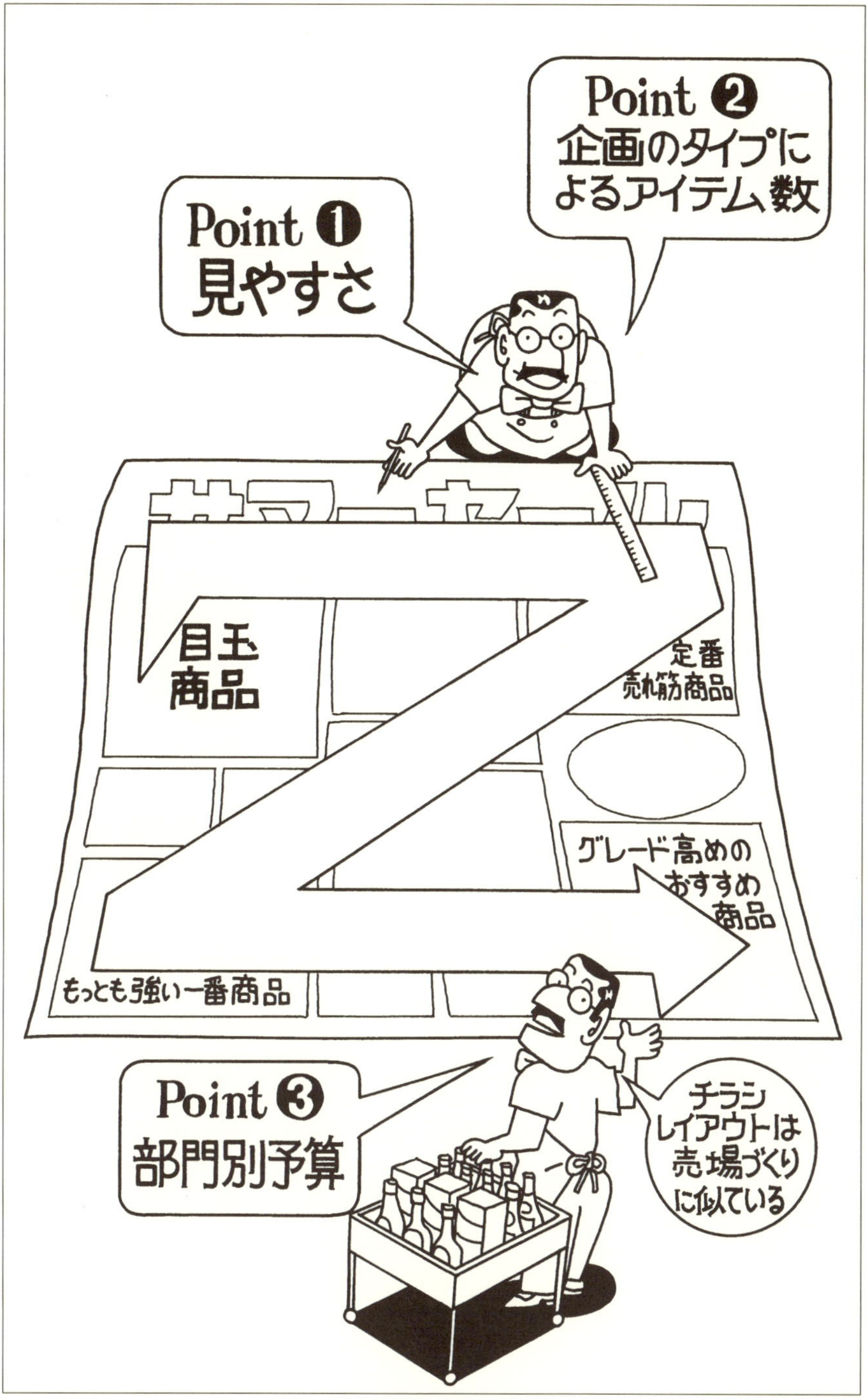
Point ❶
見やすさ
Point ❷
企画のタイプによるアイテム数
目玉商品
定番売れ筋商品
グレード高めのおすすめ商品
もっとも強い一番商品
Point ❸
部門別予算
チラシレイアウトは売場づくりに似ている

17 失敗しないチラシ業者選びのポイント

●チラシ業者のチェックポイント

当たるチラシをつくるためには、よいチラシ業者と付き合うことが大切だ。

仮に当たるチラシの企画やラフを磨きこんでも、それを具現化するチラシ業者が不慣れなら、当たるチラシはでき上がらない。シビアにチラシ業者を選択することが大切だ。

その際のチェックポイントを、何点か挙げておく。

(1) チラシの実績が豊富

印刷業者には得意分野があり、パンフレットが得意、伝票が得意、チラシが得意など、千差万別だ。

やはりチラシが得意であり、チラシデザイン力のある業者を選んだほうが失敗しない。打ち合わせの際に、実績・事例を見せてもらうとよいだろう。

(2) 料金がお値打ち

見積もりを取り、安い業者を探す。その際には、必ず2社以上から相見積もりを取ること。

なお、印刷枚数によって業者の得手不得手が分けられる。一度に10万枚以上を印刷するのなら、高速輪転機という機械を持っている業者が強い。一方、一度に数千、数万枚を印刷するのなら、平版という機械を持っている業者が強い。

(3) 情報を持っている

当たったチラシの事例をたくさん持っており、それらの実績や経験から当たる企画を提案できる業者だと心強い。また、その業界に精通しており、業界情報を持っている業者だとメリットがあるだろう。

現在、付き合いのあるチラシ業者がいる場合は、この際、上記のチェックポイントを確認してみることをすすめる。

これから、はじめてチラシ業者を探すという場合は、自宅に折り込まれるチラシの中からピンとくるチラシを選び、そのお店に連絡してチラシ業者を紹介してもらうのもよいだろう（ただし、同業者は避ける）。

また、折込会社がよいチラシ業者を教えてくれることもある。

チラシの実績が豊富
料金がお値打ち
情報を持っている
実績・事例を見せてもらう
2社以上から相見積もりをとること
業界に精通しているか?
○○○印刷
チラシ企画デザイン

18

絶対得するチラシコストの下げ方

●原稿は自作しよう

一般的にチラシのコストは、B4サイズ、両面カラーで1枚当たりの印刷代が（枚数にもよるが）6～9円、折込代が3円ほどかかり、チラシ1枚当たり合計9～12円かかる。色数、サイズ、印刷枚数で変わってくるが、コストは低いに越したことはない。

そこで、ここでは絶対得するチラシコストの下げ方を紹介する。

まず、横着せずに自分で原稿をつくること。広告代理店や印刷業者に原稿をつくってもらう作業を、自店で行うと、単純にその分コストが下がる。上記のように1枚当たりの印刷代が6～9円だとしたら、少なくとも3円ほどはカットできるはずだ。

そして、商品とお客様のことを一番知っている自分が鉛筆をなめながらつくったチラシは、他人任せのチラシより反響が良いはず。費用対効果も上がる。

●媒体を選別し、折込部数を絞る

チラシの折込部数の決め方次第で、コストを下げることもできる。チラシを折り込む際、折込専門の会社を利用し、この折込会社が印刷されたチラシを各販売店に配送するのが一般的だ。この折込会社は新聞販売店別の地域別折込部数一覧表というものを持っている。これに基づいて折込地域と部数を決める。

大都市の場合は、朝日、読売等の一般紙が比較的高いシェアで購読されている。また、地方は地元の有力紙が高いシェアを持っている。したがって、まずこれらの新聞に折り込む。

しかし、日経は一般紙と併せて購読されている場合が多いので、折り込まないほうがコストが下がる。

さらには、折込部数だが、新聞販売店の表示部数を1割減らしても、チラシの反響はあまり変わらない。通常、新聞販売店の表示部数は、実際に配布される部数より、やや多めになっているからである。

このように、非効率と思われる折込部数をカットして印刷枚数を節約することは、即実行できるコストダウンの方法だ。広告費用は有効に使いたい。

媒体を選別し、折込部数を絞る！
原稿は自作しよう
10月1日〜3日

PART 1　チラシ200%活用術

第3章　まず、「チラシ計画」を立てよう

19 チラシ計画がなぜ必要か

●中長期的なビジョンを持つ

あなたのお店は、最終的にどうなれば〝めでたし、めでたし〟なのか。それには、10年後はどうなっていたいのか。5年後は？　3年後は？　来年は？　そして、今期は？

これらのビジョンがあるお店というのは、必ず成長する。逆に、そうでないお店は行き当たりばったりで、前年割れしているケースが目立つ。

私の顧問先に、関西一番店のペットショップがある。創業時、淀川で熱帯魚のえさとして糸ミミズを採取して売っていた。そこからスタートした会社が、今では年商60億円を突破。今も成長中である。

その社長は、いつも「ああいう会社にしたい、こういう会社にしたい」という話をする。利益が出ても決してその上にあぐらをかかず、先行投資してきた。そして、ものすごいパワーでその一つひとつを全うさせる。

これは創業時も今も変わらない。私の知る限り、最高の経営者だ。

●極端な広告費の削減は業績悪化を招く

大企業だろうが零細企業だろうが、未来から逆算をすることは、ビジネスの上でとても大切なことである。何事も計画通りに行くとは限らないが、決めないことには始まらない。

現場の都合に追われて、行き当たりばったりの商いをしていては、今のご時世、前年割れするしかない。やはり、目標をしっかり決めて、未来志向で、計画的に行動する店が勝つ。

特に、チラシは計画を立てるのが絶対条件だ。なぜなら、広告費というのは、業績に応じて削減されがちだからだ。

業績が下がると、それに伴って経費を調整することは理解できる。だが、広告費に関しては、限度を超えて削減すると、さらなる業績悪化を招きかねない。

広告費とは、会社の先行投資だ。目安は、粗利高の10～15％。きちんとしたチラシ計画を立てて、業績に応じて極端に削らず、長い目で考えて頂きたい。

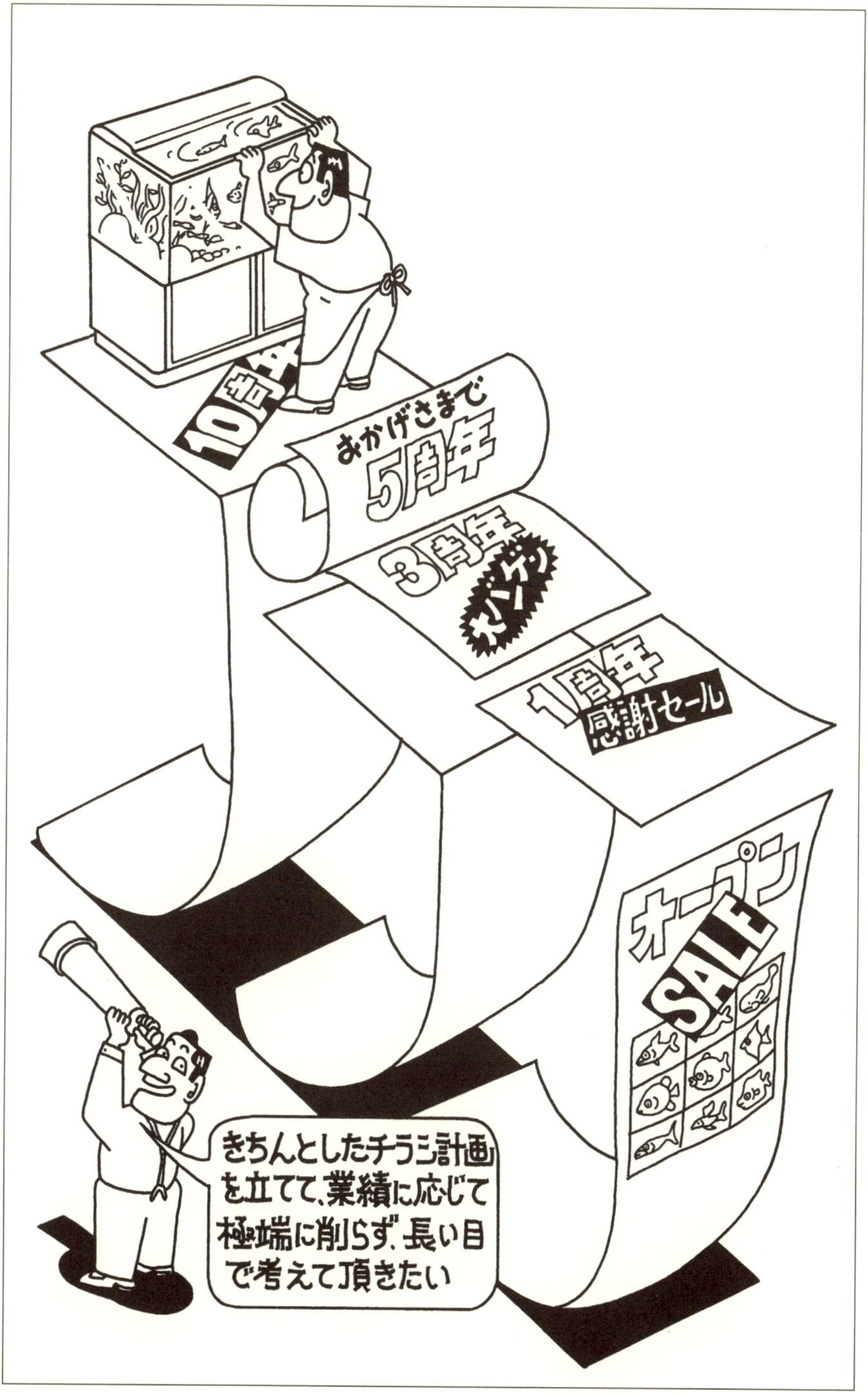
おかげさまで
5周年
3周年
1周年
感謝セール
オープン
SALE
きちんとしたチラシ計画を立てて、業績に応じて極端に削らず、長い目で考えて頂きたい

20

まず、年間予算づくりからスタート

●予算が決まっていればムダがない

主婦が夕飯の買い物に出かける際、あらかじめ献立と予算を決めてから行く人と、特に決めずにスーパーなどに行ってから決める人がいる。前者は短い時間で買い物がすませられ、無駄な買い物をすることもない。

一方、後者は決めていないので、首を斜めにして頬に手を当て、売場で迷いがちだ。とにかく決めるのに時間がかかる。また、売場の販促に乗り、ついつい余分な物を買ってしまう。

家計も経営も同じだ。年間の売上計画（＝献立）と予算が決まっていれば、チラシを打つ際、企画や色・大きさなどは決まりやすい。一方、年間の売上計画と予算が決まっていないと、チラシを打つ際〝どんなチラシにしようか〟とか〝せっかくだからカラーでいこうか〟など、迷う上にコストがかさんでしまいがちだ。だから、最初に年間予算づくりからスタートするのが肝心だ。

●チラシ予算は粗利の10〜15％

まずはじめに、売上予算ありきだ。年間、どの部門をいくら売りたいのかを明確にする。そして、その売上に対して、粗利予算を決め、その10〜15％を目安に広告（チラシ）予算を決定する。

チラシ予算が決まったら、年間を通しての具体的予算配分に落とし込む。配分計画は、まずチラシを打つタイミングを重視して決める。その商品の需要期や、給与やボーナスの直後といったタイミングを見計らって、効果的に打つことだ。

その次に、回数を優先して決める。なるべくコンスタントに打つように心がける。特に最初は、まず露出頻度を多くしないと、お店の存在が認知されにくい。だから、たとえサイズや色数を落としても、回数は優先して頂きたい。

なお、サイズはお店の力に応じて決める。目安としては、年商10億円以上の店はＢ３を中心に、年商５億円以下の店ならＢ４を中心に打つのが一般的だ。

そして、内容が良ければ１色でも当たるので、色は一番最後に決めればよい。

コンスタント
に打つ
商品の
需要期
に打つ
給与や
ボーナスの直後
を見計らって
打つ
SALE

21

売上計画とチラシ計画の連動が必要

例えば、最近ハムスターが小学生に人気でよく売れる。しかし、ペットショップに行って、汚く飼育・陳列され、売場も臭かったならば、お客様の買う気は失せてしまうだろう。

そして、そんな状態ですばらしいチラシを打っても、それはお客様を裏切ることにほかならないし、実際売れない。

やはり、品揃えの良さ、清潔な売場、明るく元気な接客が土台となり、はじめて仮説（売上計画）が見えてくる。それを正確に読むのが経営であり、それを後押しする1つの選択肢がチラシである。

チラシは集客の手段だ。来店客数が増えれば、それはそれで嬉しい。しかし、売上計画に連動して過不足ない客数を集められるチラシ計画こそが、良いチラシ計画なのだ。

どんな業種であれ、鵜の目鷹の目で消費者心理を読み、毎日の工夫を土台とした仮説（売上計画）に基づいてチラシ計画をつくることがとても肝心なのである。

●集客しただけで終わらせないために

チラシは集客の手段だ。来店客数が増えれば、それはそれで嬉しい。しかし、買ってくれないお客様を集めても、仕方がない。売上に結びつかなければ、ただの自己満足で終わってしまう。商売は〝売ってなんぼ〟である。

一般的には、普段の売上の1・2倍以上を見込みたいときに、チラシを打つことによってそれを達成しようと計画する。見込めないのなら、見込めるまで売上計画を見直さなければならない。決して〝はじめにチラシありき〟ではない。とりあえずチラシさえ打っておけば、少しは売上も上向くだろうという〝ちんどん屋的発想〟では、まず当たらない。

●売上計画は日々の工夫の集大成

それでは、チラシ計画の前の売上計画は、何に基づいて決めるのだろう。やはり、「こう見せたらもっと売れるかな」とか「こんな接客は喜ばれるのではないか」といった毎日の工夫が土台になる。それが仮説であり、その集合体が売上計画なのである。

ペットまつり
7月19日～21日
Pet SHOP
どんな業種であれ、常に消費者心理を読み、毎日の工夫を土台とした売上計画に基づいてチラシ計画をつくることが肝心なのである
売上計画

22

月間計画は50日前に立てること

●チラシ企画の根幹部分

売上計画に基づいてチラシ期間（通常4日間）の予算が決まり、サイズ、部数、カラーが決まったら、計画達成のためのチラシの企画を練っていく。

まず、その月の売上計画の根拠と仮説は何だったのか、そこからチラシの企画はスタートする。

そして、昨年の同月はどうだったか。重点販売商品は何か。その月にどのような生活ニーズがあるのか。お客様の立場でイメージしていくと、チラシの方向性が固まってくる。

例えば「どのようなお客様が」「どのような商品を」「いつ」「どうして」買っていったかを現場の販売員からつかみ、傾向を見極めるのも大切だ。

そして、部門ごとの予算に応じてレイアウトを決める。ただしその際、自店の一番商品や低価格高頻度商品を中心に、反響の見込みやすい品揃えにすることが肝心である。それらが固まったら、チラシに載せる商品を選び、仕入れの交渉を進める。

●〝タマ〟が弱ければチラシは当たらない

ここまでは、50日ぐらい前からやっておかなければならないチラシの根幹部分だ。しかし、肝心なこの部分を、「時間がかかるから」といって先延ばしするケースが非常に多い。そして、この部分は適当にやろうと思ったらいくらでも適当にやれるのだ。その結果、〝チラシのタマの強さ〟が劣化し、当たるチラシから遠ざかる。当たらないチラシの原因は、ほとんどここにあるといっても過言ではない。

普段忙しいあなたが、限られた時間の中で効率よく仕事をするために、マーク・トゥエインのことばを覚えておこう。

「カエルを2匹飲み込まなければならないときは、大きいほうから飲み込むこと。それと、あまり長い間見つめないことだ」

この根幹部分の仕事を50日ぐらい前からやっておけば、後の仕事が楽だ。また、難しく考えずに上記の流れで実務をこなしていくことが、当たるチラシへの近道だ。

“タマ”が弱ければチラシは当たらない
この根幹部分を「時間がかかるから」といって先延ばしするケースが非常に多い！ 当たらないチラシの原因はほとんどここにあると言ってもいい!!

23 配布エリアを吟味しよう

●商圏内でも歴史的特性に配慮する

当たるチラシを打つためには、配布エリアを吟味しなくてはならない。自店の商圏内でも、エリアによって歴史的特性や市場性が異なる場合がある。それによってチラシの反響が違ってくるので、きちんと理解する必要がある。

まずは歴史的特性だ。例えば、自店の所在地が市町村の境目や県境などにあり、そこが歴史的に異なる文化圏のときは、どちらかというと、自店側の地域に多めに配布したほうが無難だ。なぜなら、消費者心理としては地元をひいきしたがるからだ。

例えば、ある住宅リフォーム会社が県境にあった。そこは、隣りの県にもチラシを配布したが、そこだけ反響がいまひとつ伸びなかった。距離的にはそれほど離れていないのだが、お店の住所を見て、よそ者と思われたらしい。一方、後日、隣りの県に2号店を出店した。すると、同じようなチラシでも、そこの反響は良かった。とくに歴史のある地方都市の地元志向には根強いものがあるので、留意しておきたい。

また、隣接する市町村が城下町の場合も、同じような傾向がある。城下町というのはどうも保守的で、私の知る限りでは新しいチラシの反響がいまひとつのようだ。

●潜在需要に気づくこと

次に、市場性。つまり、需要のあるところを理解する必要がある。需要には、顕在需要と潜在需要がある。前者はわかりやすいが、ライバル店も多い。逆に、後者はわかりにくいが、ライバル店が少ない。潜在需要に気づくことも、当たるチラシへの近道だ。

潜在需要の開拓は、仮説の立て方で決まる。こうではないかと想像するところから始まる。例えば、「この地域は一戸建て住宅が多い。しかも築年数も軒並み古い。ということは、住宅リフォームの潜在需要があるのではないか」などだ。

これらの歴史的特性や市場性を理解し、チラシの配布エリアを吟味して頂きたい。そして、チラシを打つたびに仮説を検証し、反響を高め続けることが大切である。

歴史的特性に配慮する
なぜ…?!
リフォーム
A市
B市
潜在需要に気づくこと

24

校正チェックを綿密にしよう

●チェックする事項はたくさんある

チラシの校正紙をチェックする際は、必ず複数の人間でチェックするようにしたい。文字や価格の間違いはないか、間違った商品写真が載っていないかなど、作成した人1人でやるよりも、はじめてそのチラシを見るという人間にもチェックしてもらうほうが確実だ。

そして、お店に関する情報、住所・電話番号・営業時間・定休日などは、綿密なチェックが必要だ。とくに、営業時間と定休日は、正確に載せないと信用にかかわってくる。飲食店などでラストオーダー時間などがあれば、きちんと載っているか。また、定休日が祝日だった場合の対応も明記しているか、なども確認しよう。

さらに、店名とセットで載せる地図も、正確に載せること。立体的でわかりやすい地図か。周辺の目印として、公共機関（駅、学校、郵便局など）を入れているか。近所の店舗は〝さん〟付けで入れているか。駐車場がある場合は、駐車場完備と明記しているか。クレジットカードが使えるのか。支店はあるのか。ホームページは開設しているのか。社員・パートを募集しているのか。お店の理念は何なのか。これらすべて、間違っていないか要チェックだ。

その際、どうせチェックするならば、間違い探しのゲームとして楽しむと発見率が高まる。間違いを見つけた賞品として、ジュースなどを原稿作成者やチラシ業者に提供してあげると盛り上がる。社員教育にも有効だ。

●他のチラシに混ぜて感じを確かめてみる

色校正をする際は、実際にいつも折り込まれるチラシの束に混ぜ込んでみたり、競合店のチラシと比較してみると、ピンと来やすい。少し派手かなと思っても、他のチラシの中で見ると案外目立たなかったということがよくある。

逆に、これでは地味で目立たないと思っても、他のチラシの中で見ると〝銀座や新地で和服が新鮮に見える〟ように、かえってインパクトがあるケースもある。

客観的に他のチラシとの比較をして、少しでもお客様の目にとまるように工夫して頂きたい。

校正
写真
文字
営業時間
定休日
住所
電話番号
AM-PM
価格
地図
近所の店舗は"さん"付けになっているか？
Sale
他のチラシに混ぜて感じを確かめてみる
OPEN

PART 1　チラシ200%活用術

第4章　「チラシタイトル」が集客のキメ手

25

タイトルは「何を売るのか」から

●お客様の購買基準は何かを見極める

お客様に買物して頂く際、いったい何を気に入って買ってもらうのだろう。こういう視点で、チラシタイトルを決めてほしい。

お客様は、商品そのものを気に入って買ってくれる場合がある。これは当然のことである。セルフ販売が主流の流通小売業では、ほとんどこれに当てはまるだろう。

この場合のチラシタイトルは、主力商品をアピールしたタイトルがよい。「ノートパソコン大放出」「中古4WD車セール」「スタッドレスタイヤフェア」などなど。一番基本的なチラシタイトルだ。

●「人」や「のれん」を強調するケースもある

一方、店員や社長を気に入って、買ってくれる場合もある。仮にA店とB店が同じ商品を同じ条件で売っていたら、当然気に入った店員から買うだろう。カリスマ店員がいるからその店で買ったとか、専門知識の豊富なスタッフがいるからその店で買ったなど、枚挙にいとまがない。また、サービス業の場合はなおさらだ。「カリスマ美容師に髪を切ってもらいたい」というケースが代表的だ。これらの場合のチラシタイトルは、「プロにご相談ください」「いい仕事させてもらいます」といった具合に、店員・社員をアピールしたタイトルがよい。

また、そのお店や会社が気に入り、買ってくれる場合がある。このケースでも2つの店が同じ商品を同じ条件で似たような店員が売っていたら、お店ののれんや信頼感を基準に買う店を決めるだろう。上場企業の安心感が気に入って買ったとか、みんながあの店で買うから買ったというケースだ。これらの場合のタイトルは「○×電鉄の分譲住宅ニュース」「増改築ならこのあたりで実績一番です」など、のれんをアピールしたタイトルがよい。

これ以外に、チラシタイトルとして店全体の催事をアピールしたタイトルや、店の売り方をアピールしたタイトルがある。しかし、「売りつくしセール」とか「消費税還元セール」など、かなりマンネリ化してきているので、それらを使うときは、なぜ売りつくしをするのかといった理由を明記することをお勧めする。

「人」や「のれん」を強調するケースもある
お客様に買物して頂く際、いったい何を気に入って買ってもらうのだろう? こういう視点で、チラシタイトルを決めてほしい

26 お客様をイメージしたタイトルを

●客層に応じた魅力的なタイトルを

チラシのタイトルには、自店の好きなこと、やりたいことをアピールするのではなく、極力自店の客層に応じて、最も魅力的なものでアピールするのが基本だ。

お客様にとって、自分にかかわるタイトルが目に飛び込んでくればピンとくるし、そうでなければそのお店が開店しようが閉店しようが別に気にならない。

お客様は、毎日そのお店のことを考えて生活しているわけではない。自分の関心のあることだけを考えて生きているのだ。例えば、「大創業祭」などと銘打っても、売り手のご都合主義での企画だったら、何の興味も示さない。

●一番商品をタイトルに活用する

そこで、お客様に最も支持されている一番商品をフル活用しない手はない。

というのは、一番商品はお客様にとって魅力的だからこそ支持されているからだ。したがって、一番商品に関連したチラシタイトルは、自店の客層に支持されやすいといえる。例えば「雨でも安心、当店イチ押し、ラジアルタイヤセール」といったタイトルが支持される。

さらには、チラシタイトルがお客様の生活シーンにグッと迫るともっといい。

夏場の住宅リフォームのチラシだったら、「網戸が気になるあなた」というタイトルが〝つかみ〟になる。損害保険会社のチラシだったら、「更新間近のあなた！〇〇損保のお得な自動車保険でまずはお見積もりを！」がピンとくる。

人は誰しも、まず自分のことを考えている。卒業アルバムを開いたら、まず自分の写っている箇所を探すし、鏡があれば自分の顔を見る。関心があることには目が行くが、そうでなければ目もくれない。

したがって、メインタイトルはお客様の生活シーンをイメージして、その店の一番商品に絡めて決めるようにしたい。

それが、お客様志向のチラシであり、マーケティングの出発点でもある。

タイヤまつり
雨でも安心、当店イチ押し
ラジアルタイヤセール!
8月10〜
お客様に最も支持されている一番商品をフル活用しない手はない!

27 メインタイトルとサブタイトルの役割

●タイトルは「ボケ」と「突っ込み」

チラシのタイトルには、サブタイトルもつく。メインとサブでは、それぞれ役割が違う。これは、漫才にたとえると、ボケと突っ込み（問題提起とフォロー）のような関係だ。

お笑い芸人にいわせると、お客様にうけるには、「ボケる（問題提起する）人、突っ込む（フォローする）人、笑う人」という三角形をつくるのがコツだそうだ。ボケて興味を惹き、突っ込んで（フォローして）お客様の心をつかむという。

これは、コミュニケーションの基本ともいえる。AIDMAの法則でいうと、「Attention（＝注目）」と「Interest（＝興味）」に当てはまる。当然、商売やチラシの導入部分にも活用できる。

例えば、兵庫県S社の住宅リフォームのチラシでは、梅雨時は「その雨もり、止めて見せます」というメインタイトルで興味を惹き、「60分以内に伺います」と続く。また、夏場だったら、「網戸が気になるあなた」というメインタイトルで興味を惹き、「まだクーラーに頼りますか」と続く。

あるいは、鹿児島県川内市一番店のペットショップのチラシでは子犬フェアのとき、「この際、飼ってみませんか」というメインタイトルで興味を惹き、「お気に入りのこの一頭が居れば万歳、売り切れご免」と続ける。

●第一印象は一瞬にして決まる

ちなみに、お客様はその企業と接点を持った最初の15秒間で、第一印象を決めてしまうといわれている。そして、第一印象がいいと、後々多少粗相があっても、比較的大目に見てもらえる。逆に、第一印象が悪いと、後々何かあったら、そら見たことか、と思われてしまう。だからこそ、企業は第一印象を大切にする（空港のカウンターや、銀行のエントランスにお客様係として立っているのは、その好例である）。

「メインタイトル、サブタイトル、お客様」という三角形がきちんとできていることが〝つかみ〟であり、第一印象であり、集客のキメ手なのである。

メインで興味を惹き、サブでフォローしているチラシ

28

大義名分をメインタイトルにつけよう

●日本人の精神構造に合った表現が求められる

日本人とは不思議なもので、メインタイトルに事務的な「30％OFFセール」とか、即物的な「50％プライスダウンセール」と銘打っても、あまり反応しない。それよりも、大義名分や理由のはっきりした「開店10周年大感謝3割引セール」とか「商品入れ替えのための売りつくし5割引セール」といったメインタイトルのほうが反応が良い。

これは、欧米的なドライな発想だけで動く日本人が少ないからである。とくにチラシを手にする主婦層や中高年層にその傾向がある。意味もなく3割引すると「なぜ安くするの？」と、いちいち疑問を持たれてしまう。

そこで、セールの大義名分や理由として望ましいのは、日本人特有の互助的精神構造に合ったものである。感謝・心の満足・奉仕・懇願・ありがとう・おかげさまで、などのフレーズだ。

●謙虚に、愛嬌を交えて表現すること

一例を挙げると、売れ残った分譲マンションなら「完売間近！　モデルルーム仕様の家具付きルームを感謝と奉仕で特別分譲。限定2邸！」などだ。

これらの大義名分や理由を、納得のいく形で表現してメインタイトルにすることが肝心だ。表面的であったり、人間の素朴な温かさに欠けていると、メインタイトルがひとり歩きしてしまう。「マンション大感謝セール」と銘打っても、買い物慣れした昨今の消費者は「どうせ売れ残りの在庫処分だろう」と、下手な売り手の思惑など見破ってしまう。

あるいは発泡酒なら、「ご愛飲感謝です。売上ナンバーワン△△××を謝恩企画！　な、なんと○○円で大放出！」などという表現もある。

自信を持って提供できる商品でも、偉そうに恩着せがましく表現しては元も子もない。出る杭は打たれてしまうものだ。だからこそ、謙虚に、なおかつ愛嬌を交えて表現するのが肝心だ。やはり、エビスさんのようにニコニコしている商人こそ強いものだ。温顔無敵はメインタイトルにもいえる。

開店10周年
大感謝
3割引セール
事務的・即物的なタイトルより、大義名分や理由のはっきりしたタイトルのほうが反応が良い！
30%
OFF
○○呉服店

29

サブタイトルでお客様の心をつかめ

●サブタイトルは5W2H

メインタイトルで心をつかんだら、間髪入れず、お客様に伝えるべきセールの重要事項を告知する。

その役割を担うのがサブタイトルだ。具体的には「5W2H」でわかりやすく表現することが重要だ。

●具体的で納得できる情報を伝える

・When……いつのことなのかをはっきりさせる。1度に大量にチラシを印刷し、何回かに分けて打つ場合は「本日より3日間」などと告知することもあるが、そうでなければ、具体的な日にちを入れること。そのほうが、よりお客様志向だ。例えば「7月1日、2日、3日の3日間限り」と具体的に表現したほうがわかりやすい。また、その期間中にぜひ、というPRにもなる。

・WhoとWhere……誰がどこでセールをするのかをはっきりさせる。複数店舗がある場合は、混乱させないようにする。また、自店より強い競合店がある場合、自店のチラシを見て競合店にお客様が行ってしまっては面白くない。そんなことのないように、はっきりと表現する。

・What……何をするのかを明確に訴求する。一番商品や、セール企画、セールタイトルを告知する。

・Why……なぜ、そのセールをするのかをはっきりさせる。安いには安いなりの理由がある。また、自信を持ってお勧めするのにも根拠がある。それらを明確にしないと、買い物慣れしたお客さんにはピンとこない。できるだけ具体的に表現して、納得して買ってもらおう。

・How……どのようにセールをするのかを魅力的に告知する。均一セールなのか、消費税還元セールなのか。バンドル（まとめ）販売値引きなのか、パック販売値引きなのか。お客様にとって日常の買い物という〝作業〟を、少しでもわくわくする〝ショッピング〟として感じてもらうように工夫しよう。

・How much……価格面ではどういうメリットがあるのかを上手に伝えよう。3割引になるのか、40%引きなのか。30万円引きなのか。一般的に、高額商品には「30万円引き」などを用い、低額商品には「40%引き」などを用いると、より魅力的に伝わる。

When Who Where What Why
いつ 誰が どこで 何を なぜ
How How much
どのように いくらで
タイトル
具体的にわかりやすく表現することが重要だ!

30 タイトルにメッセージを盛り込め

●売れない時代に何を訴えるか

近年は、売れない時代である。そのため、ほとんどの小売店が少しでも売れる商品へと品揃えを集中させてきた。その結果、どの店のチラシの商品も似かよってきてしまった。

そこで、チラシを差別化させるため、商品の魅力だけでなく、店員やお店のメッセージをチラシで訴求すると効果的だ。

例えば、「緊急事態発生！　過剰在庫。お願いします。買ってください。安かったので全品売り切るつもりで仕入れましたが、仕入れ量が多すぎて残っています。残った在庫をさらに安く処分します。お願いします。買ってください」など、正直に本音を伝えるメッセージは共感を呼ぶ。企業の姿勢としてもすがすがしいものがある。

●社長の理念を伝えるのも効果的

また、社長直々のメッセージというものも、会社の理念やポリシーを伝える上で効果的だ。いわゆるトップセールスだ。それにより、社内の意思統一にもなる。例えば「社長の一大決心」というタイトルで、まるで、初上映される映画の監督の舞台挨拶のように、社長の本音や基本理念を伝えるのだ。

これらのチラシは、一見、苦し紛れのように見えるが、本当の狙いは、人間性をアピールし、この先、永くお客様にご愛顧頂くところにある。

店員や社長の人間性が気に入ってもらえたら、めったなことではお客様は離れない。逆に、例えば食中毒で大阪工場を閉鎖した大手乳業メーカーの社長のように、仕事に対する姿勢や人間性で、致命的に悪い印象を与えてしまったら、どんな大企業でも、一気に顧客を失うことになる。

私たちはこう考える。繁盛店をつくるのはマーケティングだ。しかし、繁盛し続けさせるのは人間性だ、と。永続し、真に卓越した企業になるためにも、チラシにメッセージを盛り込み、人間性と基本理念をお客様と社内に向けて訴求して頂きたい。

『社長の一大決心』
○○電器
AM9:00~PM10:30
訳ありSALE
一見、苦し紛れのようなものに見えるが、本当の狙いは、人間性をアピールし、この先永くお客様にご愛顧頂くところにある!

PART 1　チラシ200%活用術

第5章　これが売れるチラシ企画だ！

31

チラシ企画4つの原則

●当たるチラシ企画の鉄則は

チラシ企画を立てる際、重要なポイントは4つある。1つは、シンプルさ。2つ目に、わかりやすさ。3つ目に安さ感。4つ目に大義名分。どんなに良い企画でもお客様に伝わらなければ意味がなく、この4つがチラシを当てるキーワードとなる。

(1) シンプルであること

言うまでもなく、チラシ企画はシンプルにすることがポイント。複雑な企画では理解されず、企画の意図が伝わらない。なるべく言いたいことは、簡潔に言うことがポイントだ。

(2) わかりやすいこと

できるだけプロ用語を使わず、やさしい一般的な言葉を使う。例えば、「バンドルセール」（まとめ買いセール）のような言葉を使っても、お客様には理解できない。「10個買えばズバリ980円！」などのわかりやすい言葉に置き換えること。

(3) 安さ感を出すこと

チラシ企画で最も大事なのは、この「安さ感」だ。いくら面白い企画でも、「安い」というイメージを植え付けられなければ、絶対に当たらない。安いイメージ、「安さの演出」は、いつの場合も必要不可欠なのだ。ただし、間違ってはいけないのは、「安売り」とは違うということ。

例えば、「全品半額」という企画。インパクトの強い企画であり、瞬間的に利益が上がるが、後が続かない。確かに売れるが、利益も損なってしまう。これでは単なる「安売り」だ。

(4) 大義名分が必要

企画を立てる際、最も重要なのは大義名分だ。理由もないのにただ安いと言っても、逆にお客様に不信感を与えることになる。なぜこんなに安いのかわからないということで、敬遠されることもある。

そのため、「創業○周年記念」や「年に一度の総決算」といった大義名分を打ち出すことが絶対に不可欠といえる。

3 安さ感を出すこと
2 わかりやすいこと
どんなに良い企画でもお客様に伝わらなければ意味がなく、この4つがチラシを当てるキーワードとなる！
4 大義名分が必要
1 シンプルであること
チ
ラ
シ

32

集客力抜群の均一チラシ

●「均一」は粗利を下げずに集客アップが可能

チラシ企画の中で、トップバッターとして挙げられるのが「均一チラシ」だ。

「均一」とは、商品の価格をすべて均一に表示をして、お買い得感を見せて、集客アップする手法だ。つまり、半端な数を削るということで安さ感を伝えやすく、インパクトがあるのだ。

古典的な手法であるが、今でも十分効果はある。安さ感を訴える上で、「均一」という言葉が非常に有効であることを見逃してはいけない。

勘違いしてはいけないのは、「均一企画」は「安売り企画」ではないこと。均一はほとんど粗利を下げずに、より効果的に集客・売上アップできる企画であることを認識すべきである。

●業態ごとの実施例

以下、例をいくつか挙げよう。

・食品売場の100円均一セール

チラシの片面をすべて100円均一に統一し、生鮮品、一般食品など、すべての部門から満遍なく目玉商品を出す。

・百貨店のスーツ5万円均一セール

百貨店で、スーツが「5万円均一」というのは値ごろ感がある。比較的しっかりしたものを均一価格で販売することで、集客アップが可能。

ポイントは、平均単価より、やや低めの価格設定をするところにある。

・家具店の大均一祭

家具店の場合、平均単価が3万円前後なので、1万円からスタートし、2万円、3万円、4万円、5万円と5段階のプライスごとに商品を準備する。

・家電店の現品均一セール

旧品や廃番品を一気に在庫一掃処分をしたいときに、均一の価格でチラシに打ちこむとインパクトが出る。

常に新製品が登場し、入れ替わりが激しい家電ならではの企画といえる。毎年恒例のセールにし「名物催事」化を狙っていく。

家具店の均一セールチラシの例

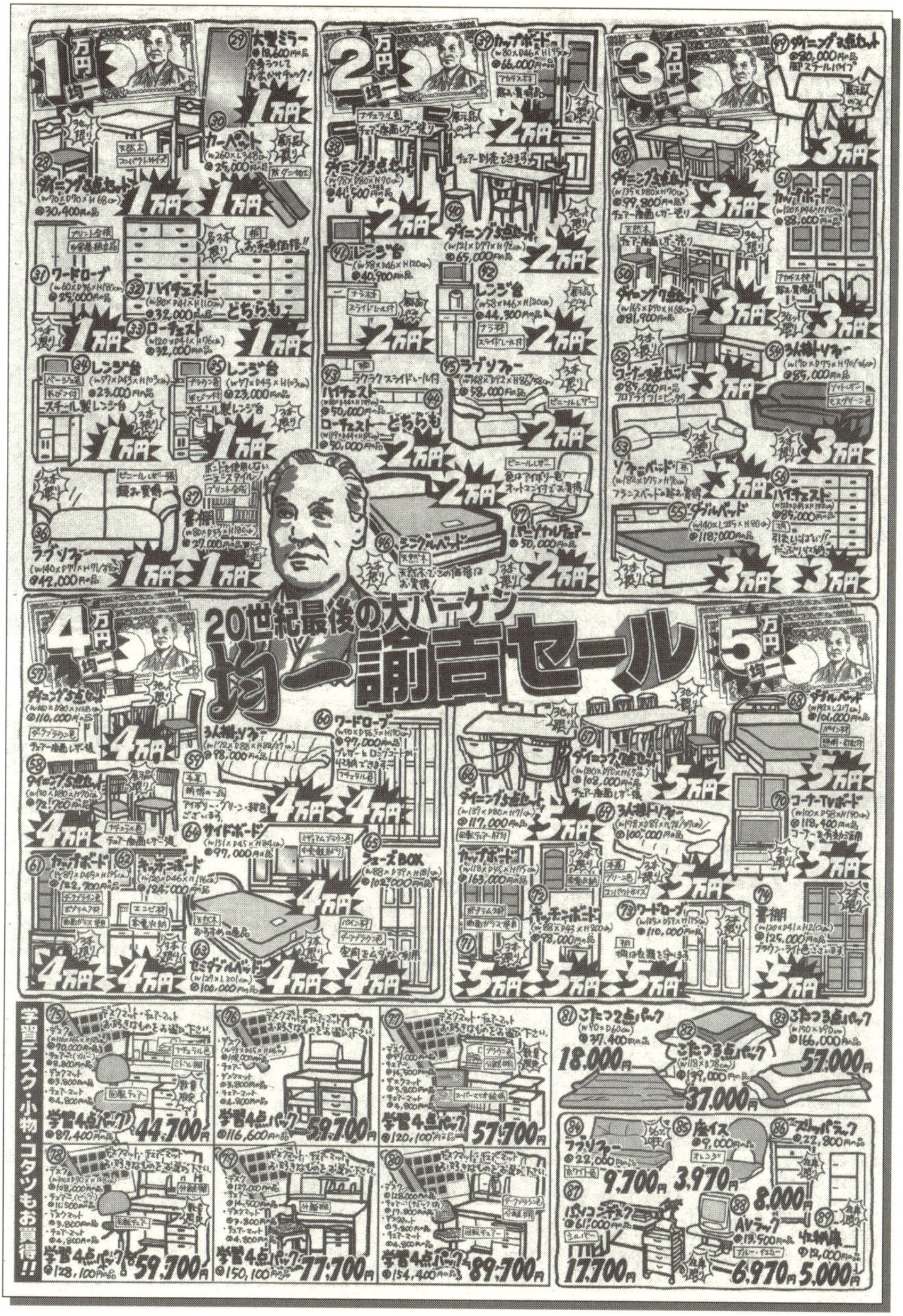

33 「一番単品突破型」チラシとは

●小型店にとって、「単品訴求」が武器となる

小型店が大型店に対抗していく場合、自社の最も強い商品、いわゆる一番単品を徹底的に訴求するのが効果的だ。

売れない時代の今、「何でもあります」というより、「この商品については、当店が一番自信があります」という「単品訴求型」のチラシが有効だ。徹底して一点突破を図るというのが、小型店の鉄則であり、不況時代にマッチしているともいえる。

●業種別「一番単品」セールの例

以下、業種別に当たっている事例を紹介したい。

・食品スーパーの刺身のセール

生鮮三品、とりわけ鮮魚の強いスーパーで、「刺身とりたて祭り」という催事を組む。マグロ、タコ、ブリ、イカなど、刺身のあらゆるアイテムをチラシに載せ、また水揚げ漁港の写真を入れて鮮度をＰＲする。

・酒屋のワイン一番単品セール

酒屋が自店の一番商品であるワインを訴求する。タイトルは「ソムリエ宣言」と銘打ち、専門店らしさをＰＲ。安易に「ビール」の安売りに走らず、一番商品の「ワイン」を武器に、大型ディスカウンターに対抗して、一点突破で集客アップを図っていく。

・家具店のベッド祭り

自社の一番単品であるベッドを訴求する。チラシの片面にベッドのみを載せ、さらに1度に2台買って得する「2台セール」なども行って、客単価アップも狙う。

・自転車店の子供車セール

Ｂ4チラシの片面に子供車のみを載せて訴求。特に、クリスマスシーズンなどは、需要が高まるので有効。超特価品7800円から一流メーカー品3万9800円まで、フルラインで打ちこむ。

・ＪＡ農協の軽トラ販売

ＪＡの車販売で、「軽トラック」を中心にチラシ片面に訴求するというユニークなパターン。農家を対象とした農協ならではの企画だが、品揃えの豊富さを伝え、さらに、ポッキリ価格で安さ感の演出も。

「軽トラ」を訴求したJAのチラシ

34

不景気には「売りつくし」チラシ

●商品一掃のイメージで安さ感を演出

不景気が続いている。当然、集客も鈍り、チラシを普通に打っても、集客効果は薄い。そんなとき有効なのが、安さ感を全面に打ち出す「売りつくし型チラシ」だ。商品を一掃するイメージで、安さ感を演出、集客アップを図るのが売りつくしチラシである。

売りつくしチラシでまず伝えないといけないのは、「売りつくし」の大義名分。ただ売りつくしといっただけでは、その効果はあまり期待できず、失敗に終わることが多いので、より具体的に売りつくしの理由を打ち出すことが第1のキーワード。

ポイントは、売りつくしの理由に説得力を持たせること。例えば「決算」売りつくしもその方法の1つ。

「年に一度、もしくは半期に一度の決算なので、思いきったプライスにします。決算というのは、いわば会社の大みそか。在庫を処分して、次の年に備えないといけません」

このように、決算を「会社の大みそか」と表現することによって、決算の意味をお客様に理解させようとするのだ。

●超目玉と集客商品は必須アイテム

次のキーワードは「価格訴求力」。特に主力商品は、超目玉を打ちこむことが最も大事。チラシの片面に20～30アイテムの超目玉品は必要だ。超目玉は、下位から中位グレードの低粗利商品を指す。多少、粗利率は薄いが安さ感を演出するには、数の投入が必要だ。

もう1つ、「集客商品」の投入を忘れないこと。売上にさほど貢献しないかもしれないが、客数を上げる重要な商品だ。集客商品とは、単価が低く、購買頻度の高い商品のこと。家具店なら「カラーボックス」、宝石店なら「ピアス」、紳士服なら「ネクタイ」のような商品だ。

3つ目のポイントは、イラストなどを入れて、売りつくしの賑わい感を演出すること。以前実施した売りつくしの催事写真などを入れて、お客様が多く来ている様子をチラシで打ち出し、演出する。来店したくなるようなチラシをつくることがポイントだ。

決算を前面に出した売りつくしチラシ

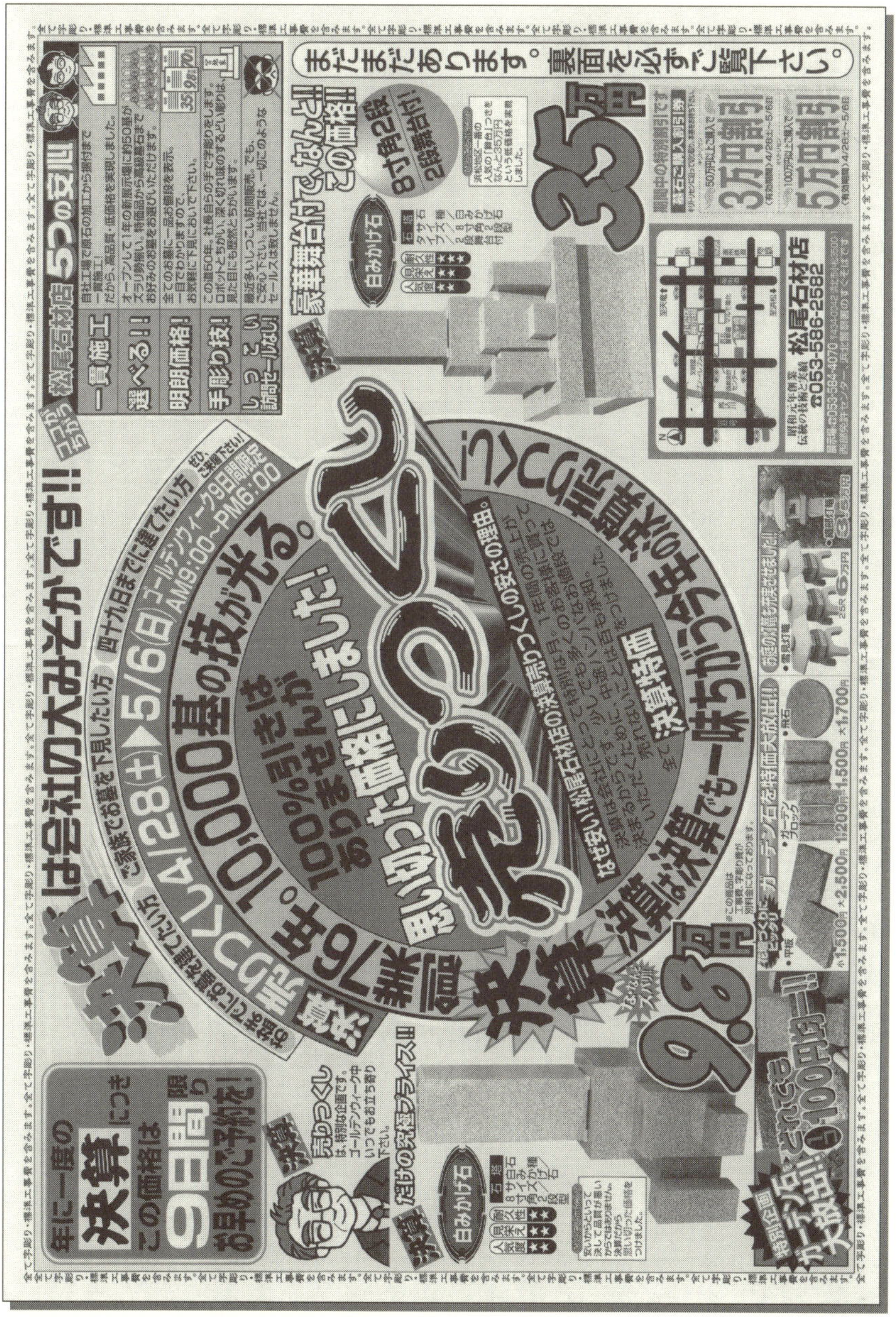

35

劇薬的効果「店じまいチラシ」のヒミツ

●店じまいの大義名分を明確に

売りつくしチラシの中でも、最も即効性があり、劇薬的な効果を発揮するのが「店じまいチラシ」。いわゆる〝閉店セール〟と呼ばれるものだ。

つまり、ある期間閉店し、店をリニューアルするところから、そう呼ばれている。ただ、売上もつくりやすいが劇薬的効果もあるので、注意して頂きたい。なぜかというと、「店じまい」というインパクトの強いタイトルを入れることにより、この店は完全に閉店するのかなと錯覚させるからである。

もちろん、その錯覚効果により、集客を飛躍的に伸ばしているわけだが、本当に店舗を閉めるわけではない。そのため、注意が必要なのは「大義名分」と「回数」である。大義名分とは「全商品総入れ替えのために」とか「店内改装のため」など、店じまいの理由を明確に謳うこと。ただ売れるからといって、やりすぎは禁物である。

店じまいセールを成功させるポイントは、やはり集客のタマ（商品）だ。より安くて魅力のある目玉を継続して出し続ければ、それなりのお客様がついてきて「名物催事」と化す。

●タイトルだけではダメ。目玉のパワーは必要だ

静岡のある家具店は、20年間、この店じまいセールを毎年行っている。最も人気のある目玉は、５００円の６畳じゅうたん。普通であれば、８０００円以上はするシロモノ。毎年メーカーに協賛にしてもらい、利益はゼロだが、そんな目玉を毎回１００本以上用意する。「そんな利益のないものを売ってどうするの？」と思われるかもしれないが、この目玉が年1回の店じまいをお客様が楽しみに待っている大きな要因となっているのだ。このチラシで、朝から１００人以上が並び、目玉品を買いにくる。もちろん、多くのお客様は、目玉品以外の物も買っていくので、トータルすると利益、単価ともに上がってくる。

店じまいといっても、タイトルだけではインパクトは出ない。名物催事にするためには、やはり、目玉のパワー、価格のパワーが必要なのである。

パワーあふれる店じまいチラシ

36

毎年恒例のリニューアルチラシ

●店じまいの後はリニューアルだ

店舗は常に生まれ変わらなければいけない。いつも同じ品揃えでは、マンネリ化して、お客様が飽きてくる。そうならないためにも、常にリフレッシュする必要がある。

前項の店じまいチラシによって、商品を処分、デッドストックを一掃した後に打つのが「リニューアルオープンチラシ」である。リニューアルオープンチラシとは、お店が新しく生まれ変わったことを宣言するチラシである。このチラシづくりのポイントは、店側だけの自己満足的なリニューアルに終わってはいけないということ。

すなわち、顧客を巻き込んだリニューアルでなければならない。平たく言うと、お客様の声を十分に取り入れたお店の改造をしたことを知らせることが、リニューアルオープンチラシの主旨である。常に顧客の声を取り入れて、進化させることをチラシで訴えるのである。

●お客様の生の声を反映させるために

そこで、実施するポイントだが、店じまいチラシを行った後、まず、顧客の声を吸い上げる。手法としては、アンケート形式で、来店時に自由に書いてもらうようにする。するといろいろな声が出てくるものだ。「コロッケの種類が少ない」「500円くらいの刺身の盛り合わせがない」など、リアルな声を聞くことができる。

また、モニター会などを開き、お得意様に参加してもらい、お客様の生の声を吸い上げていくという方法も考えられる。

あるカーディーラーの例。「もっと車の点検をわかりやくする方法はないのか」との要望に応えて「リフトアップ」方式を採用。それを合理的に打ち出し、リニューアル感を演出した。

このようにして、顧客の声を吸い上げ、それをチラシに表現するのがミソ。タイトルも「お客様の声でこんなに店が変わりました」とし、リニューアルチラシを打つのである。必ず、顧客の声をフィードバックしていくのが大事で、それを販促にも応用していくという手法である。ぜひ、年に1度は慣行していただきたい。

カーディーラーのリニューアルオープンチラシ

37

究極の売り出し「理由《わけ》ありチラシ」

●安さの理由が集客のポイントとなる

チラシ集客での一番のポイントは、「安さ感」であることは言うまでもない。

ただ、安さ感を伝えるあまり、単なる50%オフ、半額セール、決算セールなどと連呼しても、お客様はまったく反応しないのも事実である。これだけチラシが氾濫している中、普通に安さを打ち出しても、まったく効き目は期待できない。

そこで、ここでもポイントとして「大義名分」が登場する。

なぜ安いのかを明確にし、それを打ち出していくことが必要なのだ。「安さの理由は○○です」という説得力のある理由を明らかにすれば、お客様は納得して、行ってみたいという気が起こる。

そんなチラシ、つまり、安い理由を強調してお客様を引き込むチラシを「理由《わけ》ありチラシ」と呼ぶ。理由ありチラシは、不況期に集客する手法として、非常に効果の上がる方法だ。

●理由ありチラシ企画のパターン

(1) 自然災害を応用したパターン

例えば、台風が来た後にチラシを打つ。

「台風で倉庫が水漏れし、商品が多少濡れました。使用に差し支えありませんが、新品価格の半額です」というような打ち出し方をする。

そうすることにより、値段を下げたことについての大義名分が立つのである。

(2) 「シーズンオフ」セール

夏場に冬物衣料を安く売るという手法だ。または、冬場に夏物を売ることもある。

オフシーズンだから「安い」という理由が明確になり、お客様が納得できる。

(3) B級品セール

チョイキズ品。使用には差し支えないが、少し、汚れている。ハンパ品、セットハズレ品など、安い理由を明確にして打つチラシ。これがB級品セールだ。

家具店や呉服店などが、よくこの手法を使う。

●堀り出し物いっぱい!テント市
家具のアウトレット
Zack
ザック
堀り出し物がザックザック!
大テント市
軽トラックの無料貸出し致します。
お店の中に入りきらないので、テントを張って売出しします。
安さの理由
家具のアウトレット ザックでは、小傷、色ムラ等 様々な理由のある商品を破格値で販売しています。今回は、メーカーさんの倉庫返却に伴い長期在庫品の処分が大量に発生。これを格安な値段で仕入てきました。
損をしないぞ〜
安い!
急いで急いで
家のサイズにピッタリだ…
すんげー安い!
この品でこの価格
5月3日(木)・4日(金)・5日(土)・6日(日)
★利益度外視の超特価品ばかりですので、お支払いは現金にてお願い致します。納品は1カ月以内にお願い致します。配送料は1点につき1,000円頂きます。
ゴールデンウィークはZacKが面白い!
☎(086)944-4511

38 本音のメッセージチラシを活用しよう

●商品だけでなく店の本音を訴えかける

チラシの本質は、商品の「価値」と「価格」をPRしていくことにあるが、この不景気の中、「商品」だけを載せても、集客に結びつかないことも多い。そういったときに、店の本音を訴える「メッセージチラシ」が有効だ。

「メッセージチラシ」というのは、社長や店長の本音を伝え、集客しようというチラシである。例えば「買ってください」というチラシ。「在庫を仕入れすぎました。処分しないといけません。買ってください。お願いします」というメッセージ。

ただ、安いというだけではなく、「買ってください」という本音がお客様に伝わることにより、集客アップにつながった。

このパターンを応用し、本音を伝えるメッセージチラシとして、さまざまなパターンが登場してきた。

例えば、タイトル「社長の念願」「念願の店が出来ました。ぜひ、来店してください」というチラシにして、社長の顔をイラストで載せ、コメントを入れる。そうすると、お客様の興味をそそり、集客アップにつながっていく。

●作成上の3つのポイント

①本音を伝える

店の状況を切実に訴え「ぜひ来てください」ということを本音で訴えなければならない。架空の話では、その実感が伝わらないので、現実に即したメッセージを。

②イラストを入れる

キャッチコピーだけでは、なかなか伝わらないので、社長や店長のイラストを入れて、ビジュアルにも訴えること。

③デメリット表示を明確にする

例えば、「仕入れすぎました」というようなコピーは非常に有効だ。仕入れすぎたというデメリットをズバリ訴えることで、よりリアルな感じがお客様に伝わって、お店に呼ぶことができる。積極的に店側のデメリットをチラシに訴えるべきだ。

本音を訴求した家具店のメッセージチラシ

39

裏技「10万円で譲ります」チラシ

●高額商品を確実に売るテクニック

売れない時代に、集客から販売まで、即、結びつけるのは、なかなか困難なことだ。特に、墓石、自動車、オーダーカーテンのような高額商品を売る場合は、なおさらである。

そこで、はじめからダイレクトにセールスをかけるのではなく、ワンクッションおき、お客様のほうから電話で申込みをもらい、それに対してセールスアプローチを仕掛けていくという、いわゆる「見込客発見型チラシ」がある。

別名「モニターチラシ」とも呼ぶが、モニターセールのような形で募集をかけて、申込みをしてもらうという手法だ。

もちろん、単に「モニターしませんか」と言っても、今の時代、なかなか集まらない。そこで、ズバリ「10万円で譲ります」というタイトルを使うのだ。

●当選者以外にもセールスできるメリット

事例にあるように、墓石の場合、お墓は１００万円くらいすると考えられているところに、10万円で譲りますという打ち出しをする。そうすると、購買を検討しているお客様は「安い」と感じて、すぐに電話をかけてくる。

電話をかけてくるお客様は、今すぐ買うお客様、もしくは、当たれば買うお客様といろいろ混在しているが、１００万円が10万円ならいかにも安いと思うだろう。ただし、「抽選で１名様限り」というような仕掛けになっているところがミソだ。

例えば、このチラシを見たお客様が50名ぐらい申し込んだとする。厳正なる抽選のもとに、その中から１名にお墓を販売し、あとの49名に対しては、セールス活動に入っていくという手法だ。今、いろいろな業界で試され、大きな効果を発揮している。

ポイントは、申込みのあったお客様に対して、すぐにDMを送ること。その中にはスピードくじが入っており、１人だけが当たりとなる。その後すぐに電話をし、「いかがでしたか?」とアプローチをしながら、次の販売につなげていくという手法だ。

高額商品のモニターチラシ（墓石店の例）

40

「10万円で譲ります」チラシの作成

●ポイントを押さえて高い効果を

先ほどの「10万円で譲ります」チラシのつくり方には、いくつかポイントがある。これをはずしては、効果もなくなるので注意して頂きたい。

(1) 大義名分が必要

創業○周年や、○○オープンセールなどの大義名分を入れて、〝特別企画〟として実施すること。単に「10万円で譲ります」としても気味悪く、「なんで安いの？」と警戒されてしまう。

お客様にうさん臭がられて、申込みにつながらないのがオチだ。

(2) 実売価格との差を10分の1にする

10万円のものを販売するのなら1万円、１００万円のものなら10万円ぐらいの価格設定をしなければいけない。10分の1程度の価格設定でなければ、お客様は「破格」とは感じず、申込みも増えないからだ。

(3) 当選者は1～2名にしておく

なぜなら、利益を度外視するわけにいかないからだ。あまりにもたくさんの当選者をつくると、失敗することが多い。

よくあるのが、当選者は多いものの、値段はそれほど安くないケース。これでは逆効果である。

ワクワク感で、応募者を増やすには、あくまでも安い価格設定で当選者を絞り込むことが大事である。

(4) 必ず電話注文にする

ハガキなどで申し込むケースもあるが、なるべく電話注文にしたほうがよい。

なぜなら、電話注文の際、顧客の状況が聞けるからである。すぐにほしいと思っているのか、そうではないのか、そのあたりを見極めることが非常に大事なのである。

フリーダイヤルによる電話注文をお勧めしたい。

(5) あいさつ文を入れる

大義名分と同じで、きちんとしたあいさつ文を入れることが重要だ。なぜ、こういう企画をやっているのかを伝えることで、お客様の信用を勝ち取ることができるのだ。

当選者は
1〜2名に
しておく
実売価格との
差を10分の1
にする
10万円で譲
ます
必ず電話
注文にする
あいさつ文
を入れる
創業○周年
○オープンセール
などの大義名分が必要

41

チラリズムチラシで集客アップ

●「見たい」という欲求を喚起する

チラシはもともと、商品力や価格訴求をして集客するものだが、逆にまったくそういうものを出さず、興味をそそるように打ち出し、いわゆるチラリズムに徹することによって集客するというパターンもある。

これを「チラリズムチラシ」という。すべてを見せずに、何か隠されているという印象を与えることにより、見たいという欲求を起こさせるのである。

●売りのニオイを消し、興味を持たせる

チラリズムチラシのポイントは、以下の通りだ。

(1) メッセージを入れる

チラシに一言メッセージをつける。

「来てください」「買いに来てください」といったシンプルなメッセージを入れる。そのことにより、お客様に興味を持ってもらう。

(2) イラストを入れる

社員や店員のイラストを入れることが必要。

メッセージだけでは、さすがに不安になる。そこで、人のイラストを入れることによって、安心感を与えることができる。

(3) 裏面に売りたい商品の一部を見せる

すべてを見せるのではなく、部分的に興味をそそるような書き方をすることが大切だ。

左ページのチラシは、工務店の住宅見学会のチラシである。モデルハウスの集客がうまくいかない、もしくは通常の見学会をやってもなかなか集まらない、といったケースでは、このようなチラシを使う。

すべてを見せずに、住宅見学会という言葉も使っていない。表に人のイラスト、メッセージ、裏面に今回見せる住宅の概要の一部、そういったことにより、見たいという欲求を高め、住宅の見込み購買客層を集客するのである。

このように、売りのニオイを消すことによって、爆発的な集客アップにつなげることができる。ただし、このパターンは、毎回使うと効果が薄れてくる。年に1~2回にとどめておくことが必要だ。

「売り」のニオイを消すチラリズムチラシの表面（工務店の例）

42

初売り、お年玉チラシの仕掛け方

●ゴールデンウィークに次ぐ販売チャンス

今や、ゴールデンウィークに次ぐ大きな販売チャンスとなった正月の初売りセール。昔から初売りの盛んな地域（仙台、長野など）があるが、今では全国のさまざまな地域で、初売りをビッグ催事に盛り上げるようになってきた。

また、営業開始日が早くなってきているのも、最近の特徴の1つ。かつては4日からの営業というのが多かったが、最近では2日、3日、もしくは元旦から開店している店も多い。昔では考えられないことだが、販売競争が熾烈を極める中、ますます初売りのしのぎあいが、各所で見られるようになってきた。そんな中で、多くの初売り企画に埋もれないように、集客企画を考えないといけない。

●目玉商品と正月らしさの演出

初売りチラシのポイントをいくつか挙げたい。

(1) 初売り特別目玉が必要

1年の最初の企画なので、必ず、目玉が飛び出そうな〝超目玉〟を用意する。家具店であれば「学習机1万円」、眼鏡店なら「フレームレンズセットで1000円」など、通常の半額以下の目玉商品をふんだんに用意する必要がある。

(2) タイムバーゲンを仕掛ける

正月には、日替わりタイムバーゲンなどを仕掛けると良い。2日からオープンする場合、2日、3日、4日とタイムバーゲンをする。特に初日の2日は、早朝バーゲンと称して、朝6時からオープンし、お客様の行列をつくるようにする。タイムバーゲンの仕掛け方としては、早朝6時来店の方は30%オフ、8時来店の方は20%オフ、9時来店の方は10%オフというように、早く来るほど割引率が高くなる仕掛けをしておく。そうすることにより、早朝に行列ができ、話題になってくる。

(3) 正月ならではの特典をつける

さらに、正月らしい記念品、酒やビールなどのプレミアムをつけることも必要だ。正月らしいセールの雰囲気を演出してほしい。

カーディーラーの初売りチラシ

43 歳末のカウントダウンチラシ

●ひと味違う歳末商戦の仕掛け方

つぎに、初売りの前の、歳末のバーゲンの仕掛け方について見てみよう。

不況とはいえ、歳末はボーナス月であり、一年の締めくくりでもあるので、売上拡大を狙うビッグチャンスである。特に、クリスマス後の残り少ない日数の中で、どのように歳末バーゲンを仕掛けるかが重要なポイントとなる。

通常の歳末バーゲンというと、12月の前半から仕掛けるのが一般的だが、あえて、ここでは、クリスマス以降のセールの仕掛け方を提案したい。

その手法として、「歳末カウントダウンバーゲン」というものがある。これは、その年の終わりに近づくにつれて安くなるというものだ。先ほどの初売りのタイムバーゲンとは逆のパターンである。

仕掛け方としては、例えば、26日からスタートする場合、26日1割引、27日2割引、28日は3割引、29日は4割引、30日は5割引というように日を追うごとに安くなるというパターンが考えられる。

ほしい商品があれば、割引率が低くても買いたいというお客様もいれば、ほしいけれど、もっと安く買いたいというお客様もいる。売り切れを気にしながらもう少し待つという〝スリル感〟を楽しみながら、商品購入できるのである。買い物でこのワクワク感をいかにつくるかということか、これからは大事になってくる(左のチラシのように決算セールでも使える)。

●高額商品の販売や在庫処分にも効果抜群

また、カウントダウンバーゲンには、お客様が何度も反復して来店してくれるという効果もあり、短期間で1人当たりの単価も上げやすい。そして、これまで売れなかった高額商品や長期滞留品の処分にももってこいのチャンスである。

現品処分や在庫処分をしたいとき、年末にこのような企画を仕掛けると、ワクワク感プラス大義名分もあるので、売上のアップとともに、在庫処分もできる。メリット大の企画なのである。

決算在庫処分のカウントダウンチラシ

44

安心訴求型チラシで高額商品を売ろう

●高額商品ほど、求められる安心感

安全、安心欲求というものが高まっている。価格の安さだけでなく、安全で安心であることへの関心は大きい。

特にめったに買わない商品、例えば、住宅、車、墓石などの高額商品においては、その傾向が如実に表れている。このような商品の場合、高い買い物ゆえ、失敗したら取り返しがつかないという思いがあるので、安さ感だけでなく、いかに安心感を打ち出すかがポイントとなってくる。

●どうしたら安心感・信頼感が訴求できるか

(1) 安心の理由を具体的に明記する

いくら、自分の店が〝安心〟と訴えても、具体的に何が安心かわからないと、お客様には伝わらない。左の石材店のように、「安心の理由」を具体的かつ明確に表すことがポイント。

例えば、「10年保証。当社は10年間の長期保証をします」「わかりやすい品質表示。製造地と産地を一品一品表示しています」などである。

(2) お客様の声を利用する

以前、購入経験のあるお客様にインタビュー、もしくはお客様の声としてレポートを書いてもらう。それをイラストもしくは顔写真入りで、チラシにお客様の声として載せる。やはり、第三者のお客様が〝良かった〟と言ったほうが説得力があるのだ。

表現上のポイントは、

・まず、一言でまとめる
・お客様のコメントを入れる
・イラストまたは写真を入れる
・住所、氏名（イニシャルでもよい）
・年齢を入れる
・一言アドバイス（会社より）を入れる

(3) なるべく社員や店長の顔を入れる

安心を保証する意味で、その店の社長や店長の顔写真を入れることによって、安心感が生まれる。ただ、言葉で説明するより説得力が増す。ぜひ、「顔」を入れて頂きたい。

お客様の声を掲載した安心訴求型チラシ

45

納得して買わせる記事型チラシ

●「チラシ」ではなく、「情報」として読ませる工夫

さらに、安心感を伝えるチラシとして、記事型チラシが注目を浴びている。

このチラシは、第三者に取材をしてもらい、店や商品の評価をしているというようにつくるものだ。

●作成のポイント

(1) タイトルはパブリシティの強いものを

記事型チラシだからといって、「○○ニュース」としてしまうと信憑性が薄れる。そこで、「ザ・リビングタイム」「ニューエコノミートレーダー」などのタイトルをつけ、情報メディアであるように書く。

つまり、そのメディアが取材をしているように見せるのだ。

左のチラシは、「ウーマンライフ」という、実際にフリーペーパーを発刊している会社の記事型チラシ。売り込みというより、情報紙のように見える。

(2) 記事型にするため縦書きにする

新聞型にして、記事のように見せるのがポイント。縦書きにして、新聞のような形で段落を組んで書いていくというのが、記事型チラシの特徴だ。

(3) 新聞のように見出しをつける

新聞に見出しがあるように、見出しをつけることが大切。もちろん、伝えたい情報を強調するためだ。

(4) 写真を何点か入れる

ビジュアル性も大事なので、新聞と同様、いくつかの写真を入れる。

(5) あくまでも第三者が書いているように書く

つまり、この店にはどんな特徴があって、このような点がおすすめですよと、あくまでも取材風に書くことがポイント。

(6) 取材先の人の顔を出す

取材して書いている雰囲気（実際に取材しているのだが）をつくるため、インタビュー形式で文章をまとめ、売り相手の顔写真を出す。

これにより、さらにリアル感が伝わり、読み手が引きこまれるようになる。

情報紙のように見える記事型チラシ

Womanlife®
Communication Paper for Woman and Man
ウーマンライフ
ホームページアドレス http://www.womanlife.co.jp
総発行部数 300万部 人生を前向きに生きる女性のための生活応援紙

平成14年1月21日（月曜日）

保存版

特集 今！真剣に健康管理を考えないと、生活習慣病があなたを襲う。

大切な家族の人生のためにも「予防」と「保障」の大切さが叫ばれています。

新井基夫（あらいもとお）
昭和15年東京生まれ。東京医科大学卒業。東洋医学と西洋医学を統合した総合医療を目指す西華クリニックを開院し、現在に至る。医学博士。

生活習慣病とは、具体的な病名でいうと、糖尿病、高血圧、動脈硬化、高脂血症などがあげられます。糖尿病は、最初のうちはほとんど自覚症状がありませんが、放置しておくと、網膜症や腎障害といった合併症を引き起こします。末期になると下肢が壊疽（足が腐る）を起こして切断せざるをえなくなることも珍しくありません。

また、高血圧、動脈硬化、高脂血症は、それ自体は自覚症状というものがほとんどありません。しかし、治療を怠ると、脳卒中（脳梗塞、脳内出血）や心筋梗塞などの心臓疾患を引き起こし、最悪の場合は死に至ります。

これらの病気は、食生活などの生活習慣が背景にあるため生活習慣病と呼ばれます。ガンのなかでも大腸ガンなどは、肉食へ偏ると発症率が高まるため、生活習慣病の一つと考えられています。

生活習慣病は、いうなれば家屋に巣食う「白アリ」にたとえられるでしょう。

長い時間をかけて、静かに侵食を続け、気づいたときには一大事を招くことになります。たとえば、糖尿病なら、合併症により、ある日突然、眼底出血（網膜症の症状）を起こして、目が見えなくなる。あるいは、高脂血症が進んだ結果、血液が流れにくくなり、脳の血管が詰まって、脳梗塞で倒れる。いずれの場合も、仮に死には至らないとしても、深刻な後遺症が避けられません。

生活習慣病は、原則的に薬を用いて治す病気ではありません。その名のとおり、生活習慣が背景にあるわけですから、今までの生活習慣の改善、すなわち食事療法と運動療法が治療の基本となります。

食事療法、運動療法といっても、慣れ親しんだ食生活を変えたり、今までしたことのない運動を新たに始めるというのは、現実には、なかなか難しいものです。

そこでおすすめしたいのは、自分でできることを何か一つ見つけ、それだけは必ず実行すること。その際のキーワードは、「サラサラ血液」です。

肥満の原因である高脂肪食が続くと、血液は粘度を高め、いわゆるドロドロ血液になります。血液がドロドロすると、血管の中を流れにくくなるので、血管は詰まりやすくなり、脳梗塞や心筋梗塞の危険性を高めます。また、糖尿病も血液がドロドロだと、合併症を引き起こしやすくなります。

では、血液がサラサラ流れるようにするには、どうすればよいのでしょうか？ 注目したいのが、近年、科学的にも明らかになってきた血液サラサラ効果の高い食品を積極的にとることです。

血液サラサラ効果の高い食品には、さまざまあります。なかでも、タマネギは手に入りやすく、効果も高いので、おすすめの食品といえるでしょう。こうした血液サラサラ食品をうまく食生活に取り入れることは、生活習慣病からくる合併症や重篤な疾患を予防する非常に有効な方法といえるでしょう。

保険加入時に自分の生活を再点検 保険会社の選択も慎重に

松尾宏子（まつおひろこ）
ファイナンシャルプランナー、キャリアカウンセラー、日本ファイナンシャルプランナーズ協会会員、(有)ステージ取締役

日本は保険料がアメリカなどに比べたら約3倍というなんとも保険料の高い国だったのですが、外資系の保険が導入されてきて保険の世界も随分変化してきています。今まで主流だった終身タイプのものに加え色々な商品が出回ってきています。過去に高額な保険に入ったからといって生活費をきりつめて継続していく必要はありません。払える程度に減額したり無理なら解約してもいいのです。

我が家の場合どこが弱いか、どこが足りないかを考えて必要なところだけ補うという方法もお勧めです。子供は成人しているけれど自営業で生活の保障がないという人が、今更終身保険に入らなくても入院時にだけ給付される掛け捨て保険に入るとか、ヘビースモーカーで生活習慣病に対してナーバスな方は〝ガン保険〟に入っておくとか自分の生活水準とライフスタイルをじっくりみつめて保険の種類を選んではいかがでしょうか。単体タイプの保険はこの点便利です。単体で保険に入れば保険料の負担も少なくてすみますよね。

金融不安の中、保険会社の選択も慎重に

例えばご高齢の方でも簡単に加入できる保険が発売され人気を呼んでいますが、満期が80歳という今までの保険の場合、それ以上の年齢になると給付されなかったのですが、考えてみれば今の日本人の平均寿命は女性で87歳ですから、肝心の時になってお金をもらえない保険はおかしかったわけです。

保険会社の選択も重要ですね。貯蓄型の養老保険とか終身保険に入っていらっしゃる方の中には自分の入っている保険の内容さえ知らない方がいます。売らんかなーに徹してきた今までの保険業界の罪でもあります。

金融不信ムードの中、実際に危ない保険会社もあります。加入なさる時に納得するまで保険内容の説明を受けるとか、世界基準で保険会社の〝格づけ〟（注・最高のトリプルAから数クラス有り）というものがありますので、それを調べてから契約なさることも安全面の上では賢明でしょうね。

いずれにしても保険選びは、人生設計抜きには考えられません。わが家の現在の財政状況、家族構成、これからどう生きたいか、それには何が不安なのかなど様々な面から考慮して、女性が自分の体型や顔だちにあった洋服を選ばれるように最も適したタイプの保険を選ばれることをお勧めします。

主人が脳梗塞で入院！ 痛感した生活管理の大切さと保険の有り難み

大阪市 和田美子さん（39歳）

デザイナーという主人の仕事柄のせいもあるのでしょうけれど、暴飲暴食、煙草、昼夜逆転の生活。締りはいつも深夜、体重は80kg近くあって血圧も高く、降圧剤のお世話になっていました。これで生活習慣病にかからない方がおかしい。年齢も41歳で前厄、子供は7歳と3歳、今何かあったらと思うと不安になって…。そこで今までかけていた保険はそのままに、新たに〝入院保険〟に入りました。それが1年半前のことです。今までの保険は入院したら1日5000円しか出ないし、自営業ですから生活の保証は誰もしてくれません。とてもやっていけないと思ったのです。今度の保険は主人には1日8000円の保障、家族特約もつけたので家族の誰かが入院したら5千円つきます。まず昨年、私が持病の鼻の病気で入院して1日5000円いただきました。

その時はなんだか得したなぁ位にしか考えてなかったのですが、今年の1月、私の予感が的中して主人が倒れたのです。1人で仕事していたのですが運良く訪ねてきた方が発見して下さってその方の車で救急病院まで運んで下さいました。病名は脳梗塞。即入院でした。それからというもの無我夢中でした。まず原因を調べるため、次にリハビリのため都合3回も病院を変わって病院と家の往復で心身ともに疲れ果てました。左半身がマヒして精神的に落ち込んでいる主人を見ているのも辛かったですね。感染症の心配があるとかで個室を勧められましたので入院費もばかになりませんでした。でも、入院保険に入っていたお陰で通算5カ月の入院でしたけれど1日8000円の保障がおりました。手続きも簡単で、5日以上入院しなければ出ない保険が多いのですが、この保険は入院1日目から保障の対象になり、精神的・体力的にはきつかったですが経済的には余裕をもって暮らせました。リハビリの甲斐あって今では仕事もできるようになりましたが、退院した今も通院のたびに3000円の保障があるのも心強いですね。

妻として

主人の体調管理をできなかったことが妻として悔やまれます。友人の旦那様たちを見ていると、働き盛りでいつ主人のようになってもおかしくないという人ばかり。なってからでは遅い！〝予防医学〟という言葉は知っていましたが、食生活をはじめもっと気をつけてあげるべきでした。なる前にどうするか、なってからどうするか、どちらも万全を期すこと。生活習慣病のリスクは誰にもあります。対岸の火事ではありません。

裏面記事の資料請求は右のおハガキかお電話で

ウーマンライフ

タマネギ資料請求係 0120-020-848 FAX 0120-391-428（24時間受付） 申込番号 1280 たまねぎ薬効研究会

保険資料請求係 0120-383-862 電話受付時間/9:00〜20:00（土・日・祝日は18:00まで） FAX 0120-250-403（24時間受付） 受付番号 LBPL01 募集代理店 (有)25プランニング 引受保険会社 Alico アリコジャパン

きりとり線

郵便はがき

料金受取人払
奈良中央局承認 244
差出有効期限 平成15年11月30日まで
切手不要
受付番号 LBPL01

630-8790

（受取人）
奈良市大宮町5丁目3-33
新奈良ビル
（株）ウーマンライフ新聞社
明日への保障 係 行

他人事だとは思わないでください。まず資料をご請求下さい。
ご希望の方に○印をお付け下さい。

タマネギ健康法		健康野菜の種&タマネギ健康法実践小冊子	申込番号 1280
アリコジャパン保険資料		●入院保険 CK38 ●たすかります A43G	●ガン保険 AJC8 ●はいれます A247

注意 各々の資料は別々にお届けします。保険の種類に○をつけてください。無印の場合は、4種類の資料をお届けします。

フリガナ お名前		歳 男・女 既婚・未婚
ご住所	〒 □□□-□□□□ 都道府県	
お電話番号	（　　）	
生年月日	大正・昭和	

※ご自宅のお電話番号を必ずご記入下さい

問い合わせ先　ウーマンライフ新聞社
本社　奈良市大宮町5-3-33 新奈良ビル　TEL 0742-35-5188
東京支社　渋谷区初台1-51-1-903　TEL 03-5350-8866
e-mail：woman@kcn.ne.jp　　担当　関野

46

「オープンワイドチラシ」で差別化を

●他のチラシに差をつけよう

チラシ販促は、以前にも増して競争は熾烈だ。金曜、土曜ともなると、1日に50枚以上のチラシが新聞に折り込まれ、「どうしたら自社のチラシを手に取ってもらえるか？」ということが、キーワードとなってきている。

そこで、最近登場してきたのが、「オープンワイドチラシ」といわれるニュースタイルのチラシ。

左のように、中ほどにミシン目があり、開けると中身が見えるというもの。大きさはＢ４サイズだが、開くとＢ３サイズの帯長チラシになる。このチラシの特徴としては、

⑴　**開けて見るので、ワクワク感が演出できる。**

⑵　**Ｂ４だがＢ３分の情報量を入れることができる。**

などの点が挙げられる。

特に⑴では、チラシ慣れしている消費者にインパクトが強いと言える。

また⑵については、開く前はＢ４サイズの情報量だが、開くとＢ３分の情報量が提供できるため、商品力を伝えるうえで、何ら差し支えない。開けて見るので、チラシ注視率が高くなるのだ。

●業種によっては経費上でも大きなメリット

したがって、Ｂ３チラシを頻繁に打つ小売業、もしくは高額商品を扱う住宅・不動産、自動車、仏壇、墓石などの業種、また、一度に大量のチラシを打つ通販、保険などには、特にうってつけである。

さらに、気になる印刷代だが、通常のＢ３より若干高いという程度。しかし、上記の理由によるレスポンスアップを考えると、十分に吸収することができる。

その安い印刷費の秘密は、日本初の「インライン加工装置」にある。

この輪転機に連結された加工機によって、いろいろな加工が高速・安価になった。

大量かつ高速にこのようなチラシをつくることができるのには、このような技術的な裏付けがあるのだ。

情報量豊富な通信教育のオープンワイドチラシ

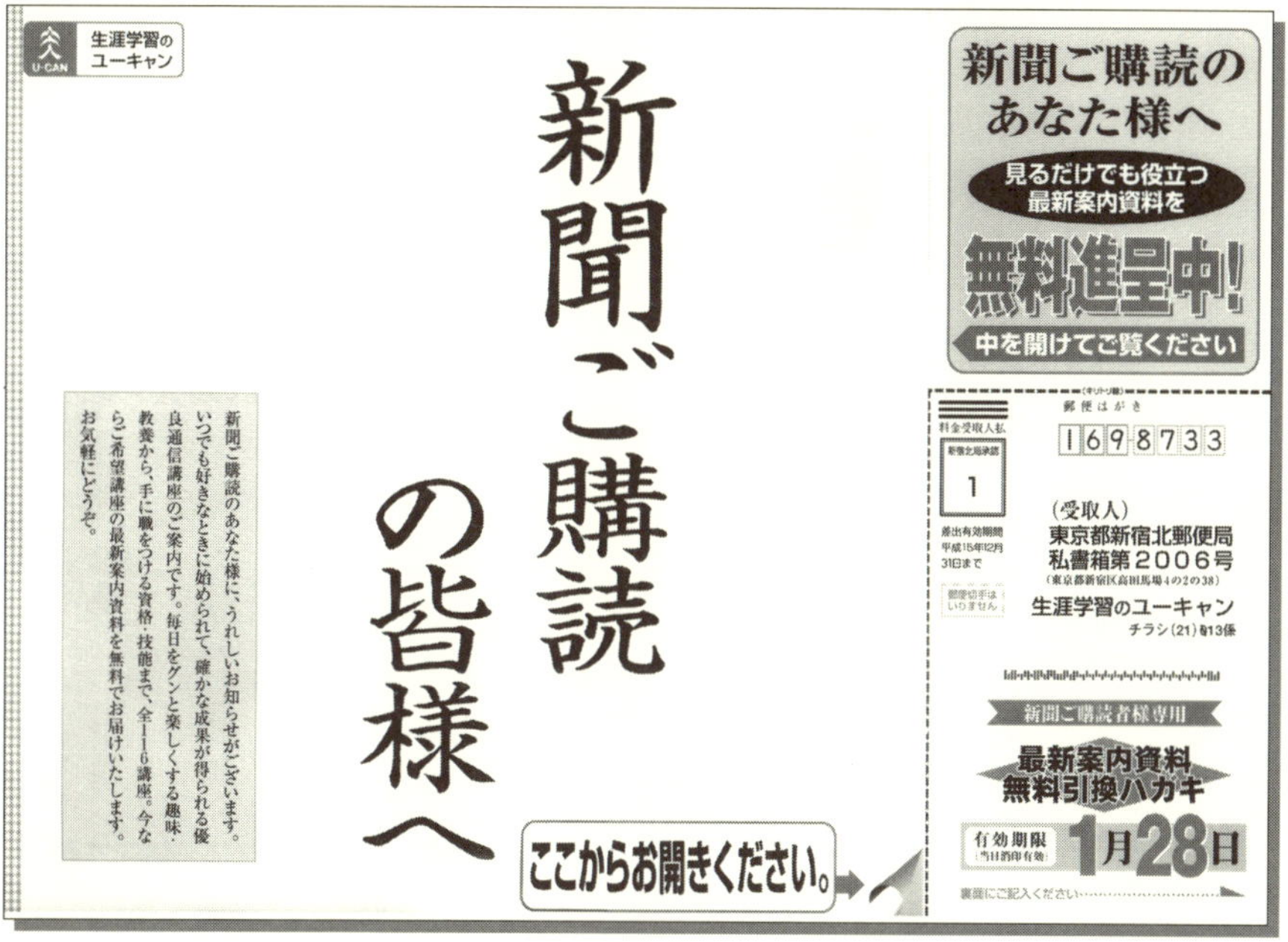

⇩

開くと内側はこのようになる

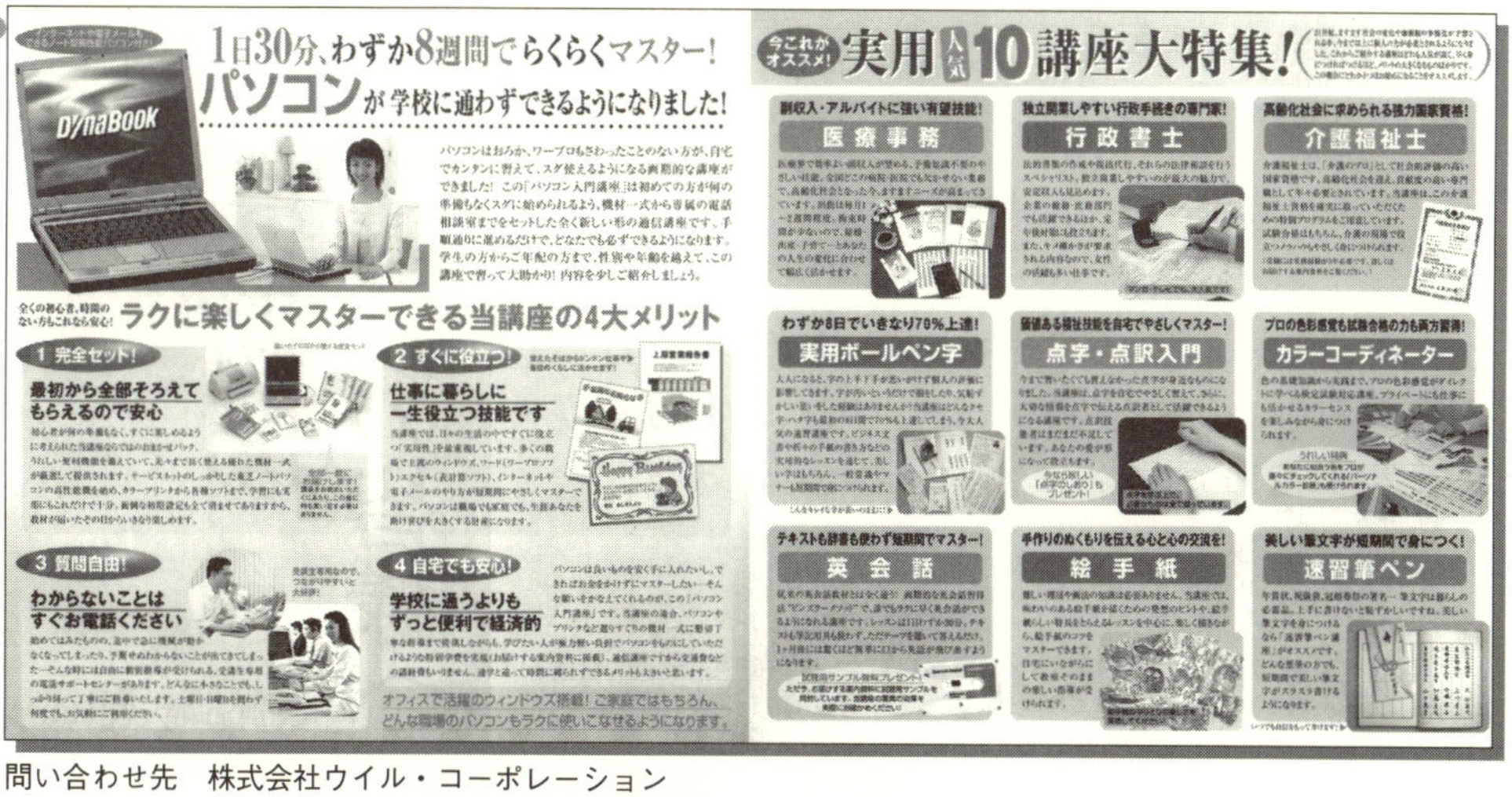

問い合わせ先　株式会社ウイル・コーポレーション
東京支店TEL 03-3544-5701　大阪支店TEL 06-6445-9611

47

大集客を図る住宅見学会チラシ

●奥様をターゲットにした住宅見学会の仕掛け

住宅業界で最近よく聞かれるのは、「チラシの効き目が悪くなった」という声だ。確かに、以前よりはレスポンスは下がっているものの、まだまだ集客の中心はチラシであり、これを重点的に活用しなくてはならない。

ポイントは「住宅見学会」のチラシづくりである。見込客を発掘するための機会として一番重要なのが、「完成見学会もしくは構造見学会」。もちろん、従来のように単に「完成見学会」と謳ってもお客様は来ない。「しつこく営業に来られる」、もしくは「見てもよくわからない」というお客様の意見が多いので、やはり、ここでは、打ち出し方を変えることが必要だ。そこで、「具体的に表現する」ということに重点を置きたい。

事例のチラシを見て頂きたい。タイトルは「奥さま必見!! 後悔しないための奥さまの家づくりを見学ください。奥さまのための住宅徹底比較見学会」という打ち出しをしている。家の購買決定をするのは8割は奥様の意見。つまり、奥様が納得すれば、家はほぼ売れると考えてよい。ご主人には申し訳ないが、奥様をターゲットにしたほうがヒット率は高まる。

これを、「具体的客層訴求」という。奥様に、「自分のための見学会」と思わせるのだ。さらに、家を「見る」のではなく、「学ぶ」という表現も大事だ。ただ見るというのでは、よくわからない。「住宅のプロが、懇切丁寧に教えます」という表現をすることで、一度行ってみようかという気持ちを起こさせるのである。

●他社との比較で自社の優位性を訴求する

さらに、「住宅徹底比較見学会」という表現で、他社との違いをわかってもらう。そのようなタイトルの表現も重要なポイント。また、「この見学会は売り込みではありません。あくまで奥さまのための失敗しない家づくりの勉強会です」と加えることで信憑性が増す。

「奥さまのことを考えた家」は、具体的に5項目くらいでまとめる。①間取り、②素材、③水まわり、④工法、⑤価格だ。これで「なるほど」と納得し、「一度見てみたい」という気になるのである。

奥様をターゲットにした住宅見学会チラシ

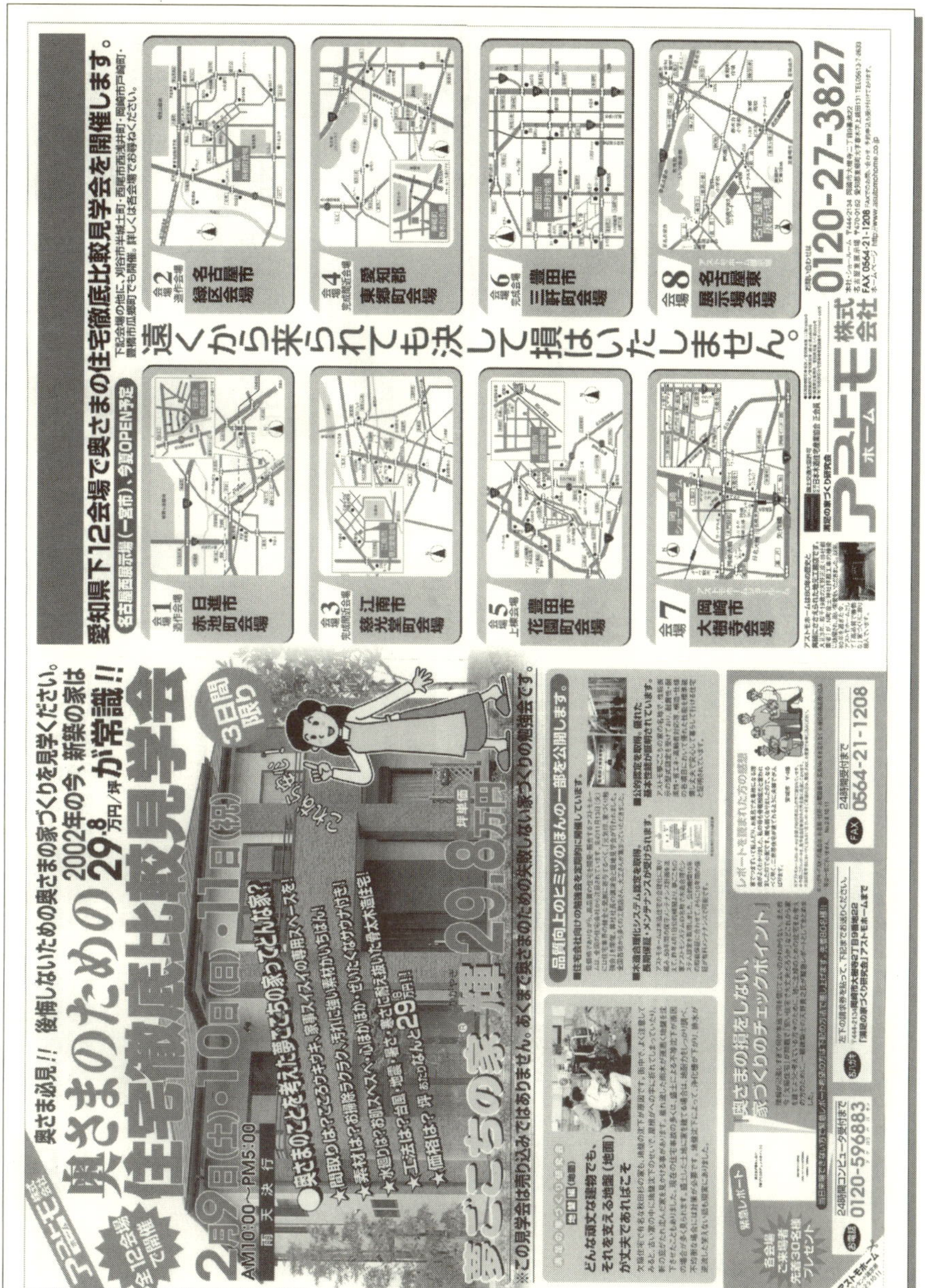

48

瞬間的に売上が上がるB級品チラシ

●安さ感演出の切り札

「理由ありチラシ」と同様に、安い理由がはっきりしている「B級品チラシ」というのは、どんな業界でも良く当たる。

例えば、「使用にはまったく差し支えありません。新品同様B級品大放出セール」というチラシだ。

B級品とは、

・チョイキズ品……小さな傷や汚れがある
・箱なし品……箱がなかったり、汚れている
・廃盤品……型番が遅れたりしたもの
・セットはずれ品……セットの売れ残り
・展示現品……展示品
・長期滞留品……デッドストック

などを指す。

そのために安い、という表現をする。

新商品のような目新しさはないが、機能的には、今の商品と遜色ない、というようなメッセージを書きこむことによって、安さ感を演出することができ、集客につながるのである。

●家具店のB級品チラシ

B級という意味をチラシ上に詳しく書き、安いという理由を明確にする。

目玉的な商品を数点載せ、安さ感を演出していく。そのような形で集客アップを図り、定番商品を合わせて売っていくという手法だ。

●呉服店のB級セールチラシ

呉服業界も不況だが、いわゆるB反チラシといって、よく見ないと汚れや模様の乱れなどはわからないという品物をセールの対象とする。それをB反物として安く売る。

さらに、均一価格で、安さ感を演出する。

●箱なしのB級セール

家電製品などで、わざと箱をなくして、旧品番の商品を売るようにする。

保証書は付くが、箱がないので安いというイメージを演出するのである。

家具店のB品市チラシ

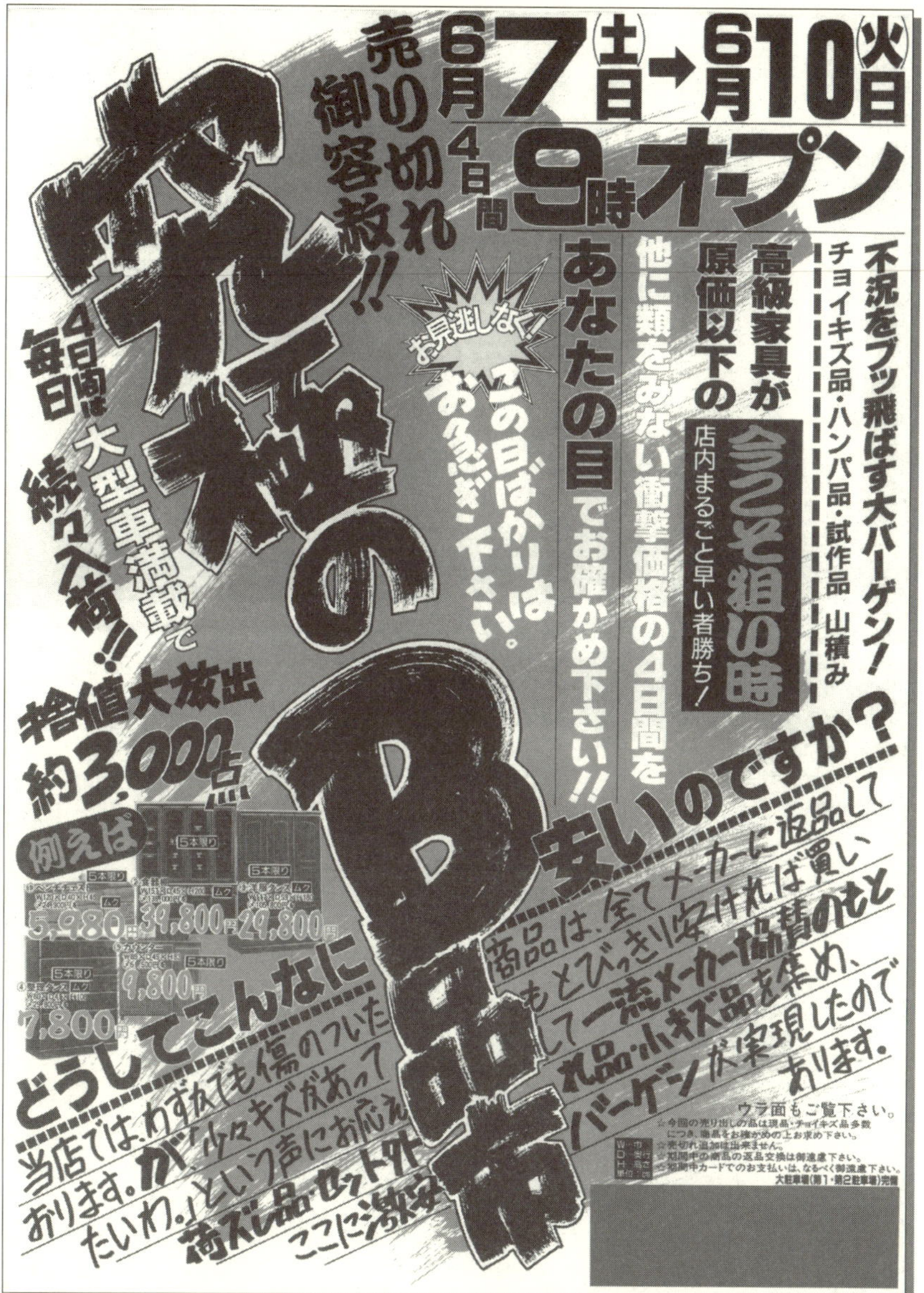
6月7日(土)→6月10日(火)
4日間 9時オープン
売り切れ御容赦!!
究極の
不況をブッ飛ばす大バーゲン！
チョイキズ品・ハンパ品・試作品 山積み
高級家具が原価以下の
今こそ狙い時
店内まるごと早い者勝ち！
他に類をみない衝撃価格の4日間を
あなたの目でお確かめ下さい!!
お見逃しなく！
この日ばかりはお急ぎ下さい。
4日間は毎日大型車満載で続々入荷!!
捨値大放出
約3,000点
例えば
5本限り
5,980円
39,800円
29,800円
9,800円
7,800円
B品市
どうしてこんなに安いのですか？
当店では、わずかでも傷のついた
商品は、全てメーカーに返品して
おります。が、「少々キズがあって
もとびっきり安ければ買い
たいわ。」という声にお応え
して一流メーカー協賛のもと
商ズレ品・セット外
れ品・小キズ品を集め、
ここに激安
バーゲンが実現したので
あります。
ウラ面もご覧下さい。
大駐車場(第1・第2駐車場)完備

49

手紙型チラシで集客アップを

●社長直筆の切実な手紙をチラシに

セール企画の意図を伝えるというのは、想像以上に難しい。

もちろん、売り手が思っているほど、買い手は真剣にチラシを見ていないことも事実だ。そのため、企画意図が伝わらず、集客できないケースも多々ある。

そこで、最近採用されてきているのが「手紙型チラシ」だ。

これは、社長が直筆でチラシに縦書きで、手紙のような形で書く。

「お客様へ」といった書き出しで、筆文字で「どうしてこの企画を実行したのか？」ということを書いていくのである。直筆にすることにより、その切実感が伝わる。チラシの表面には商品は一切入れない。

事例のチラシは、ある店の手紙型チラシである。

毎年ゴールデンウィーク後は店に閑古鳥が鳴いており、なんとか集客したいという意図から次のような企画を考えた。

具体的な客層は、「ゴールデンウィークに家具を買い損ねたお客様」としている。

より具体的に顧客層を表現することで、ピンポイント的訴求ができる。

●売り出しの意図を正直に訴える

さらに、今の社長の心情を正直に文章で表現し、この売り出しを実行した背景を訴える。

ポイントは、「10％オフ」を明確にして、シンプルなタイトルを打ち出すこと。さらに、この企画は社長ではなく、社員全員から発案されたということを強調することである。

つまり、「社長としては断腸の思いだが、社員全員からの発案なので、しかたなく値下げをした。少しでも多くのお客様に来て頂くことが、社員のやる気につながる」といった内容を表現していくのだ。

「利益二の次、お客様第一で、ご奉仕させて頂きます」と、利益を度外視している本当のセールであるという意図を伝えることがポイントだ。

社長直筆の手紙をチラシに載せた例

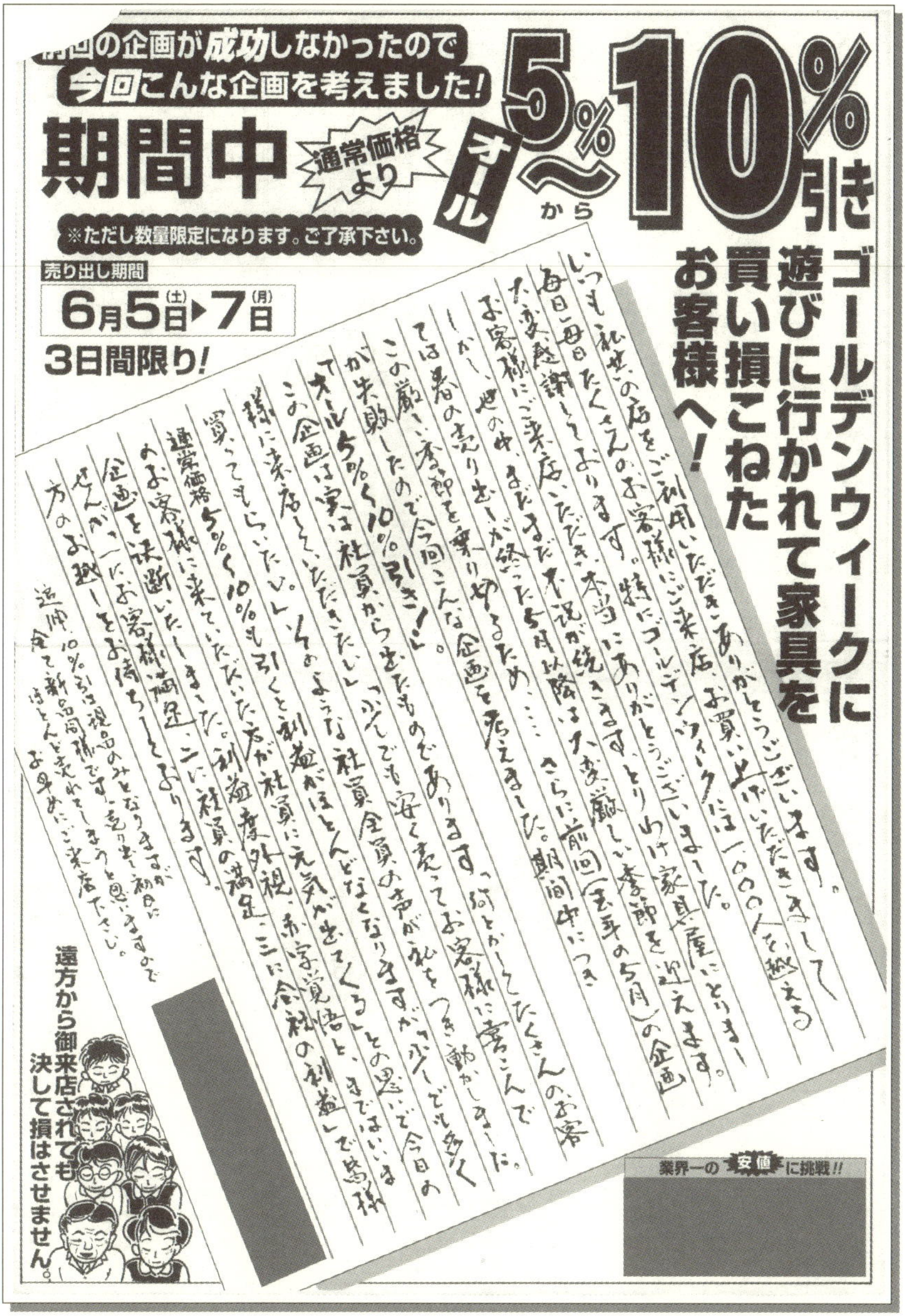

50

ポリシーを伝えるサービス訴求チラシ

●会社やお店の姿勢を伝えることも重要だ

これからの商売では、商品や価格のみならず、会社の姿勢や考え方、いわゆる「ポリシー」を訴えていく必要がある。

お客様がその店や企業から商品を購入する際に、その水面下にあるポリシーを感じる時代になってきているのだ。

経営の公開ということを含めて、会社や社長の考え方をチラシに訴える必要がある。それが、さらにお客様にとって、魅力のあることでなければならない。

例えば「顧客満足」といっても、どういう対応をするから顧客満足なのか？　それを、具体的な言葉に置き換えて、自社のポリシーを伝えていく。

それが、サービス訴求型のチラシの考え方である。

●具体的表現で伝えることが肝心

事例は、あるリフォーム会社のサービス訴求型チラシ。1番から15番まで、いろいろなサービスを訴求している。

例えば、このリフォーム会社の場合、電話で問い合わせを受けてから、即対応するというのがサービスの1つとなっている。

そのため、電話を受けてから訪問するまでの時間を計り、この会社では「30分」で必ず行けることを決め、電話がかかってきたら必ず30分以内に訪問するというような体制をとっている。

「敏速対応」という言葉だけでは何の具体性もなく、お客様には伝わらない。「電話を受けてから、30分以内にお伺いします」と、あくまでも具体的に表現することで、はじめてお客様に伝わるのである。

もちろん、30分で行ける圏内にしか、チラシを打たないことは言うまでもない。

訴求するサービスを多くの項目にまとめ、それを自社のポリシーとして、繰り返し訴えていく必要があるのである。

これからの時代は、安心感や安全であることも大きな選択基準となっていく。それらをポリシーとして訴えていくことも必要だ。

顧客満足を訴求したリフォーム会社のチラシ

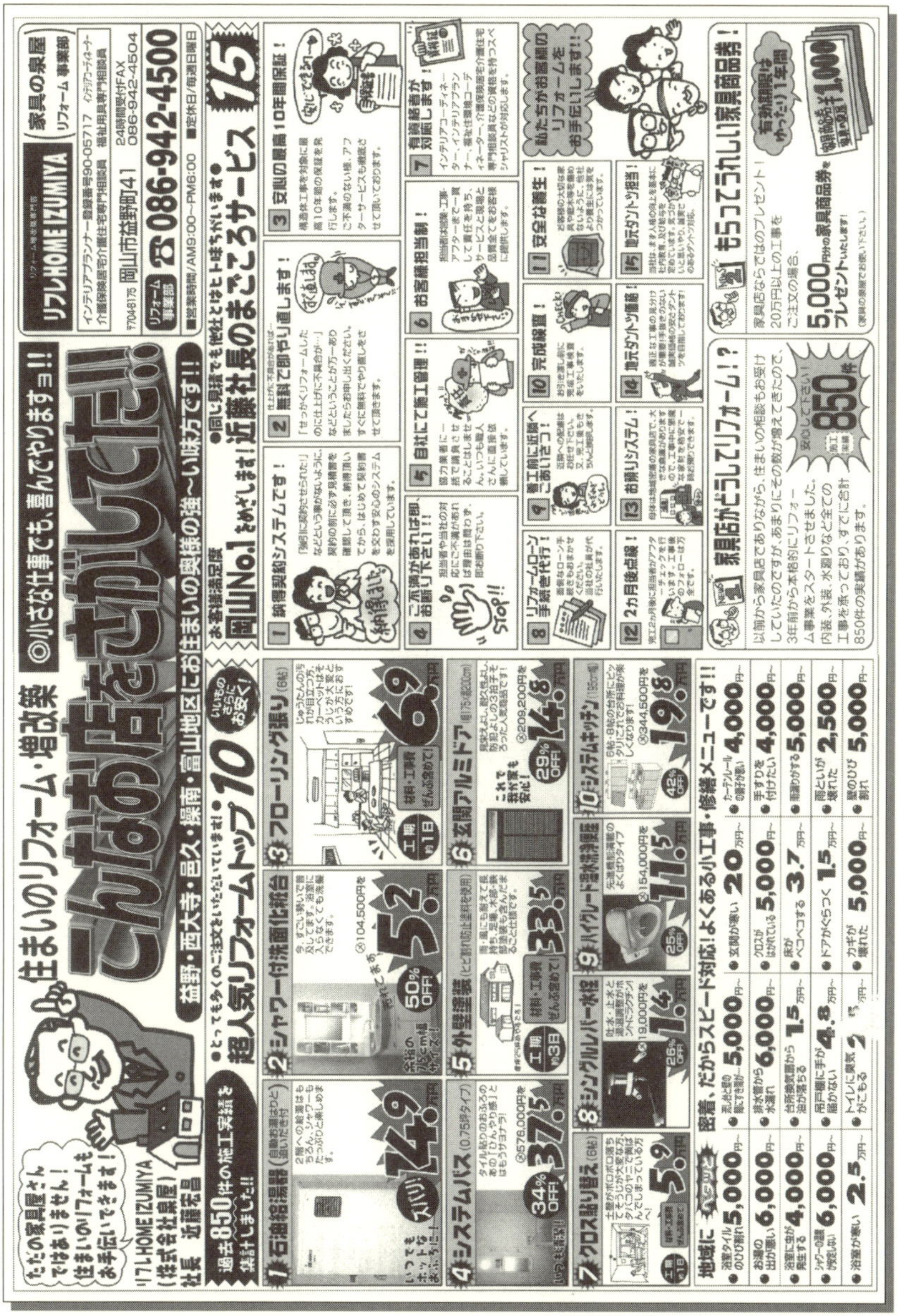

PART 2 DM200%活用術

第6章 ワン・トゥ・ワンの武器、DMを活用しよう

51

これからの販促にはDMを積極活用

●モノ余り時代にモノを売るために

「モノ（商品）はいいんだけれど、なぜか売れない」

経営コンサルタントという仕事上、お会いする多くの経営者の方から、こんな話をよく聞く。性能はいいし、デザインもそこそこ、価格だってそんなに高いわけではない。だけど、なぜか売れないモノは、世の中にたくさんある。なぜだろうか？

その原因は不況だけではない。たいていのモノやサービスが、各家庭にほとんど行き届いてしまっていることに原因があるのだ。つまり、こんな「モノ余り時代」にモノを売ることは、売り手にとって簡単なことではない。

お客様の立場で極論すると、今持っているモノを捨てて、新しく自社の商品を購入してもらわなければならない。当然、お客様としても所得の伸びが鈍いこの低成長時代に、不要なものやほしくないものを購入するわけがない。

では、どうすればお客様の堅い財布のヒモを解くことができるのだろうか？

●お客様のニーズを満たす店とは

今、お客様が小売・サービス業に求めているのは「全面的個別対応」である。モノ余り時代のお客様は、お客様自身が納得できるモノを、納得できる方法で探し、自分が気に入った店でしか買わない。つまりお客様は、自分の生活をより楽しく、ゆとりあるものにすることに協力してくれる店、常に有益な情報提供があり、自分を特別扱いしてくれる店だけを支持し、足を運ぶのである。

では、どうすればお客様に支持され、足を運んでくれるようになるのだろうか？

その答えが、DM（ダイレクトメール）だ。

このDMこそが、「全面的個別対応」を可能にする「ワン・トゥ・ワン・マーケティング」の手法なのである。

DMを使った販促展開によって、小売業では「特別招待会」の案内でリピート購入を促したり、住宅・不動産などの低頻度・高単価商品の場合は、成約までに時間のかかる見込み客を囲い込みながら、見込み度をランクアップすることができるのである。

one-to-one marketing
「全面的個別対応」
常に有益な情報提供があり自分を特別扱いしてくれる店のみを支持し、足を運んでくれるのである。それを可能にするのがDMである

52

固定客を逃がさないマーケティング

●お客様の4段階

DMの効果を最大限に引き出すためには、「固定客づくり」が不可欠である。

では固定客とは、どんなお客様を指すのだろうか？

お店から見たお客様というのは、4つの段階に分類することができる。まず第一段階は、「一般客」である。

一般客とは、品揃え、いわゆるフリーのお客様のことだ。この段階では、品揃え、店員の対応、サービスの種類など、お客様自身がいろいろ試してお店を選んでいる段階であり、それらの要素の第一印象が大事になる。

そして、お店が気に入り、何度か来店してくれるようになったお客様が、第二段階の「知人客」である。店員とお客様が、お互いに何となく顔を覚えているようなレベルだ。

さらに、この知人客と店員が頻繁に会話し、親密度が高くなると、知人客は「友人客」へとランクアップする。この友人客とは、店員側がお客様の属性や好みを把握している関係のお客様をいい、どんなアプローチをすれば喜ばれるかがわかっているという段階である。

そしてその上をいくのが「信者客」である。信者客とは、絶対にその店でしか買わないお客様のことだ。

●DMの効果を上げる固定客づくり

これらのうち、固定客とは友人客以上を指す。当然、DMを出して一番レスポンスが高いのは友人客以上である。ということは、DMの効果を上げるためには、この固定客づくりから始める必要がある。固定客をつくる目安として「3回安定の法、10回固定の法」がある。これは、1人のお客様が3回続けて来店してくれれば安定し、10回続けてくれれば固定するというものである。つまり1回買ってくれたお客様にどうやって3回買ってもらうか、3回買ってくれたお客様にどうすれば10回以上買ってもらえるか、を考えたアプローチを行っていく。

1つの手法として、「来店に対するお礼の手紙」が効果的だ。その際、事務的な内容でなく、前回来店時の会話からお客様が興味を持っていそうなことに触れておくと、より親近感が湧き、来店促進の効果が望めるのだ。

お客様の分類
DMを出して一番レスポンスが高いのは友人客以上である
信者客
友人客
知人客
一般客
固定客とは友人客以上を指す
DM
固定客をつくる目安として「3回安定の法」「10回固定の法」がある

53

成熟期はDMマーケティングが有効！

●商品のライフサイクルとは

どんな商品にもライフサイクルというものがある。

このライフサイクルとは、人間にも少年期、青年期、中年期、熟年期といった「人の一生」があるのと同じように、ある商品についても、その普及率とともに変化するマーケットサイズのことで、いわば「商品の一生」を表したものである。

この商品の一生は、「導入期」、「浸透期」、「ピーク・後退期」、「安定・成熟期」といった4つの時期に分けることができる。

まず「導入期」では、まだ商品自体の普及率が低く、イメージが先行して商品が売れていくといったことが起こる。

次の「浸透期」は、多方面からの新規参入が起こる時期で、商品の普及率が急な右肩上がりとなって、マーケットサイズも大きく膨らんでいく。

そして導入期、浸透期を経て、商品は一気に普及し、「ピーク・後退期」を迎えることになる。この時期は、マーケットサイズが最も大きくなって頂点に達すると同時に、過剰感、後退の兆しが少し見え始める時期でもある。

●個別対応可能なDMは成熟期向けの媒体

やがてピーク・後退期が過ぎ、「安定・成熟期」へと突入していく。

この時期に入ると、商品は一通り行き渡ると同時に、お客様の嗜好にも変化が生じるため、「売れるモノと売れないモノ」がはっきりしてくることになる。

現在は、大半の業種・業態が安定・成熟期に突入している時代である。そのため、TVのようなマス広告では、多様化したお客様個々のニーズをつかみ、ハートをとらえ、満足感を与え、固定客化することは不可能に近いといえる。

こんな成熟期にモノを売るには、小ロットから対応できるDMで、個々のお客様に個別対応し、購買心理の中の欲求（ウォンツ）と必要性（ニーズ）を喚起させることが必要なのである。

ライフサイクルの変遷

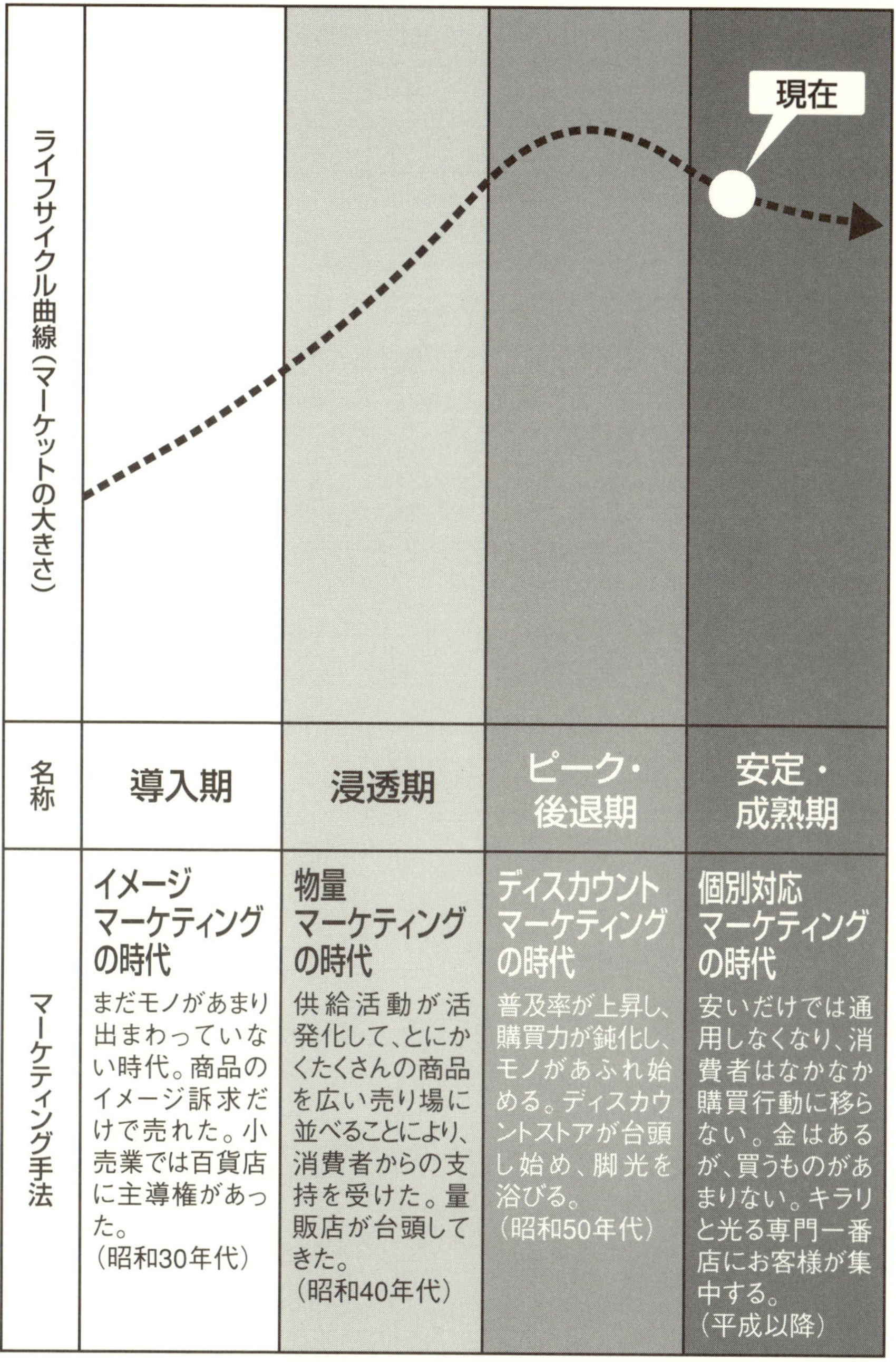

名称	導入期	浸透期	ピーク・後退期	安定・成熟期
マーケティング手法	**イメージマーケティングの時代** まだモノがあまり出まわっていない時代。商品のイメージ訴求だけで売れた。小売業では百貨店に主導権があった。 （昭和30年代）	**物量マーケティングの時代** 供給活動が活発化して、とにかくたくさんの商品を広い売り場に並べることにより、消費者からの支持を受けた。量販店が台頭してきた。 （昭和40年代）	**ディスカウントマーケティングの時代** 普及率が上昇し、購買力が鈍化し、モノがあふれ始める。ディスカウントストアが台頭し始め、脚光を浴びる。 （昭和50年代）	**個別対応マーケティングの時代** 安いだけでは通用しなくなり、消費者はなかなか購買行動に移らない。金はあるが、買うものがまりない。キラリと光る専門一番店にお客様が集中する。 （平成以降）

54

効果的販促活動のためのDM活用の基本

●DMという媒体の特徴

さまざまな広告媒体の中で、DMという広告媒体には大きな特徴がある。それは、広告を打つ相手側のパーソナル情報を持っているということだ。住所、氏名のみならず、お客様によっては、家族構成、顔、背格好から購買履歴まで知ることもできる。

「モノを販売する」ということは、商品とお客様をつなげることである。そのためには、パーソナル情報からお客様が欲しているモノを探り、商品情報をダイレクトに伝える、これがDMなのである。

またDMは、チラシと比較するとコスト面で割高になる。1枚数円のチラシに対して、ハガキを普通に出しても50円、封書や定形外で出せば、さらに倍近くに跳ね上がる。チラシの10～15倍以上かかる計算だ。

他の広告媒体と比べて、扱い方もかかる費用も異なるのがDMであり、より販促効果を上げるためには、顧客ターゲットや販促企画の内容によって使い分ける必要がある。まず顧客ターゲットは、チラシのように不特定多数のお客様ではなく、過去に自店を利用してくれたお得意様など、特定のお客様が対象となる。

●DM活用3つのポイント

販促企画についても、セールや各種催事のご案内（一般客に先立った案内）といった内容になる。ここでDMを活用する上での最低限必要なポイントを、確実に押さえておくことが必要だ。それは次の3つに集約される。

①DM送付の大義名分を明確に伝える（一般客より先にお得情報を届けている）。

・特別招待会への事前ご案内や新商品の事前発表会

②特別扱いしていることを伝える（なぜ、自分が選ばれたのかということ）。

・「当店のお得意様限定の特別価格！」

③商品を購入して使うことによる、お客様から見た「生活使用価値」を訴求する。

・「こんな効用があります」

・「こんな悩みも解消します」

以上の3点は、DMの基本中の基本なのである。

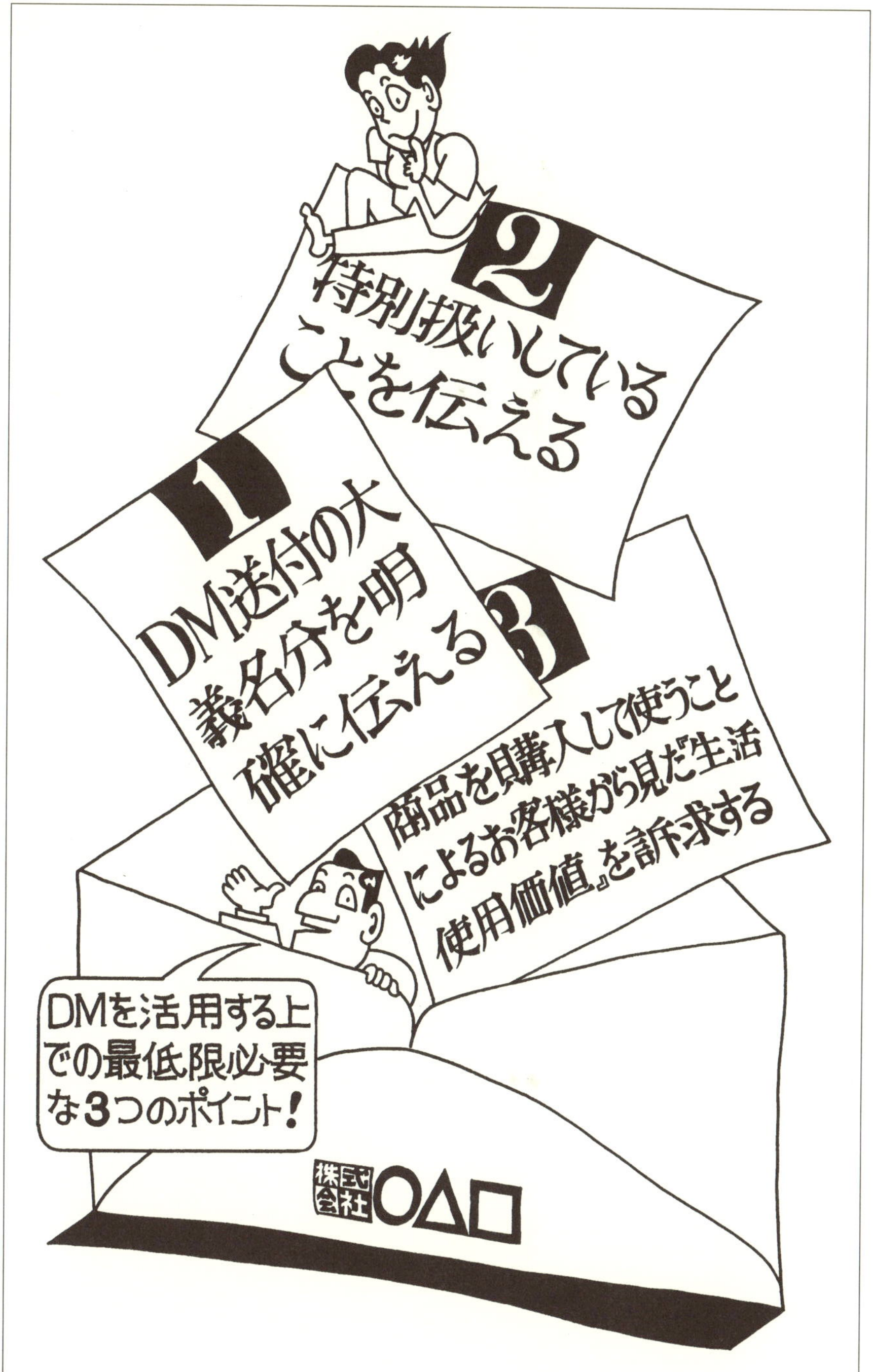
1
DM送付の大義名分を明確に伝える
2
特別扱いしていることを伝える
3
商品を購入して使うことによるお客様から見た『生活使用価値』を訴求する
DMを活用する上での最低限必要な3つのポイント!
株式会社○△□

55 集客を目的としたDM戦略を立てよう！

●売りたい商品だけを掲載していないか？

「DMにたくさんの商品情報を掲載しているのに、お客様があまり来ないのはなぜだろう？」と首をかしげることはないだろうか。お店側からすれば、お客様が思わず来店したり問い合わせたくなるよう、商品情報を豊富に掲載したにもかかわらずである。

ここで注意したいのが、お店側から見た「売りたい商品」ばかり載せていないか？ということである。お客様からすると、手元に届けられるDMはたくさんあり、その中で興味が持てるお店だけを選んで比較検討し、来店・問合せをするのである。こういった一連の購買行動の「動機付け」をお客様にできていないということは、すなわち「魅力のないDM」になってしまっていると言わざるをえない。

では、「魅力のあるDM」とはどんなDMを指すのか？　それは、比較的よく購入するもので（いくつあっても困らない）、普段より格段のお買得感が持てるような価格の商品、つまり「集客商品」が多く掲載されたDMのことである。

●まずは、集客アップを目的とした販売戦略を

お店の商品は通常、「高単価で購入頻度の低い商品」から「低単価で購入頻度の高い商品」で構成されており、このうち「低単価で購入頻度の高い商品」が、ここでいう「集客商品」になる。

販売促進を行う際、「集客」と「販売」のどちらを目的とするかを明確にしなければ、どっちつかずの中途半端な結果に終わってしまうだろう。

特にDMでの販売戦略では、通信販売を除き、より「集客数アップ」を目的としたDMづくりが求められることになる。にもかかわらず、お店側が売りたい高単価商品を中心に掲載して、来店率を大きく下げてしまっているケースを多く見かける。

お客様を多く集めないと、どんな商売も始まらない。まず「集める」ことに注力し、そのための「集客商品」を中心に掲載することが、DMでの販売促進として効果的なのである。

集客商品を多く載せたDMを

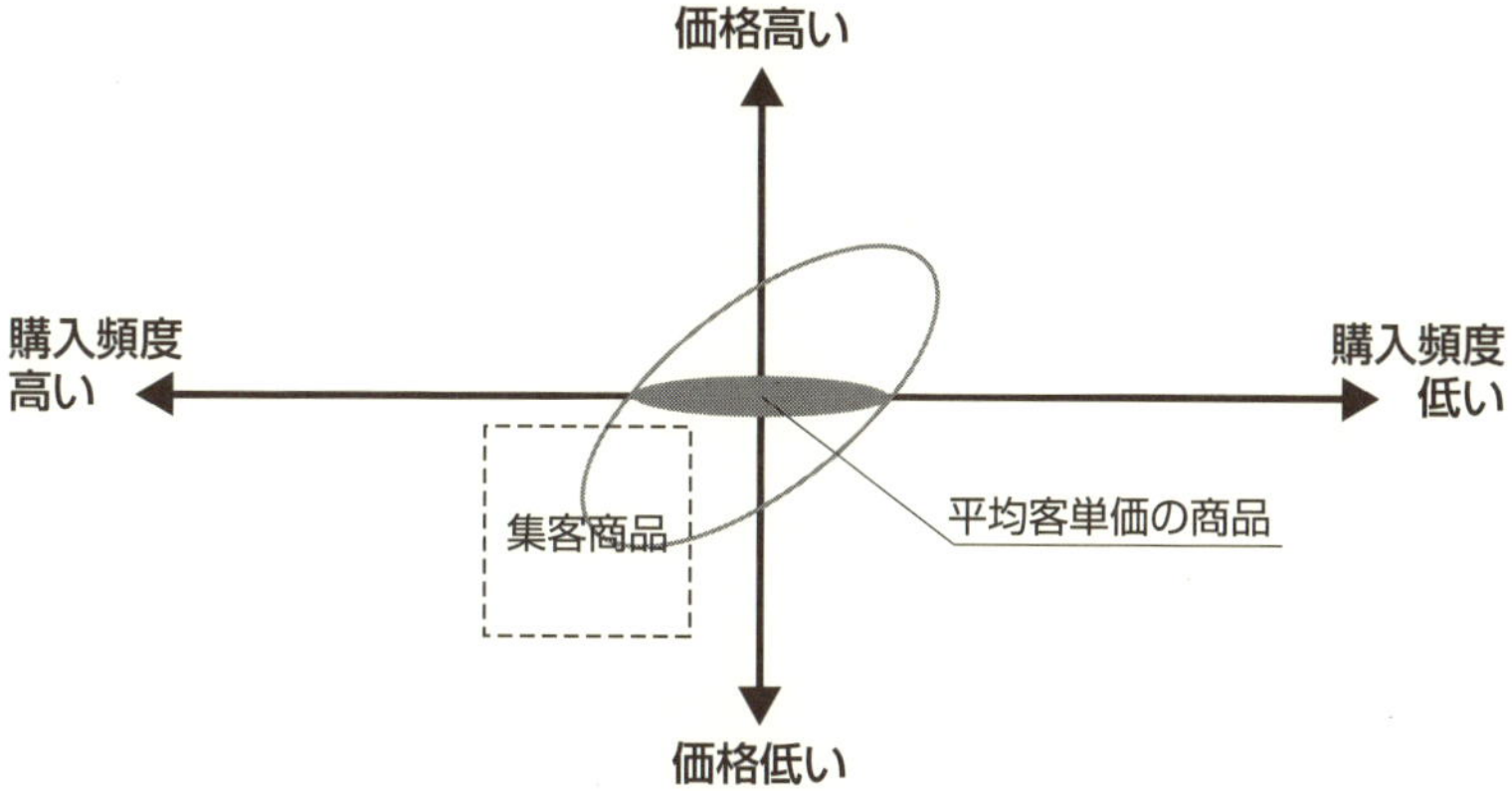

来店率アップには集客商品を載せるのが効果的。

56

ＶＩＰ客をつくり、顧客の差別化を図る

●どんなお客様が「ＶＩＰ」なのか

どんな会社やお店でも、定期的にあなたの会社やお店の商品を買ってくださるお客様がいるはずである。１回の購入単価は低くても、ほとんど毎日来店して商品を買うお客様や、あるシーズンになると来店し、決まった商品を毎年恒例のように買ってくれるお客様がいる。このようなお得意様は、まさにあなたのお店にとっての「ＶＩＰ客」といえるのである。

●売上貢献度に応じたお客様のランク付け

このＶＩＰ客こそが、あなたの会社やお店の重要顧客であり、「超特別扱い」すべきお客様なのだ。つまり、購買頻度が高かったり、あなたのお店の売上に貢献してくれているＶＩＰ客には、その貢献度に応じた特別サービスを用意し、「ＶＩＰ客には、「他のお客とは違う特別優遇を受けている」ことをわかってもらう必要がある。そして、魅力のあるサービスを継続して提供できれば、その「超お得意様」は、ずっと自社・自店のＶＩＰ客でいてくれるということになるのである。

例えば、チラシなどで告知する予定の催事がある場合は、その開催日の１週間前に「お得意様限定！　特別招待会」と題し、特別割引券を同封したＤＭを送ると、受け取ったお客様は、特別扱いしてくれた満足感と特別招待会に行くことのお得感を得ることができる。

また、同じポイントカードでも、ゴールドやブロンズといったランクを分けて「和牛１００グラム当たり40％ＯＦＦ（ゴールド会員のみ）」という具合に、商品の割引率に差をつけると、ゴールドのお客様は特別扱いに満足し、ブロンズのお客様はゴールドを目指そうとする。

つまり、今の成熟期においては、すべてのお客様を平等に扱うのではなく、自社の売上に対する貢献度に応じてランク分けし、各ランクに応じてサービス内容を差別化していくということが必要なのである。また、お客様にとっても、「あなたの会社から存在を認知され、特別扱いされている」という意識が植え付けられることで、あなたの会社やお店を「ひいき」にしようと思うのである。

他のお客とは違う特別優遇を受けている……!!
成熟期においては、すべてのお客様を平等に扱うのではなく、自社の売上に対する貢献度に応じてランク分けし、サービス内容を差別化していくのである。

57

お客様が喜ぶDMをつくろう

●DMから始まるストーリーを

ＤＭに求められる効果は、数あるお店からあなたのお店を選んでもらって、お客様に商品を購入してもらうための動機付けをすることである。そのためには、ＤＭを受け取ったお客様が、ワクワクしながらＤＭ片手に来店するというストーリーをつくらなければならない。

そこで、ＤＭ作戦の成否を分けるのが「プレミアム」と「催事の企画内容」なのだ。

プレミアムは大きく2つに分類できる。

まず1つは、商品の購入に関係なく、催事に参加した時点でもらえる特典である。お客様からすれば「得はしても、損をすることはない」という心理が働き、「とりあえず行ってみよう」という気持ちになりやすくなる。

もう1つが、商品の購入を条件として、クジ引きに参加できる特典であり、「抽選プレゼント」ともいう。景品表示法では商品最高額は最高10万円までで、また商品総額は予想取引総額の2％までと規定されている。例えば、「キャンペーン期間中、抽選で30名様に旅行券5万円分プレゼント」という景品である。「買おう」と決めている商品があり、他とそれほど値段や質に大差がない場合は、お客様は、「もしかしたら」という期待感から、抽選プレゼントがある店での購入を選択する。

●ワクワク感をかきたてるＤＭ企画

催事の企画内容も、工夫次第でお客様をワクワクさせることができる。その方法の1つに「顧客番号を付けたＤＭ」というものがある。これは、言い換えると、「ナンバリングの魅力」だ。例えば、送られてきたＤＭに宝くじ券が入っていたら、お客様はその宝くじをどうするか？　大半の人は「もしかしたら当たっているかもしれない」と思って、最低でも抽選日までは持ち続けるだろう。これと同じで、お客様独自のナンバーが印字されたチケットが、抽選企画と絡んで送られてくれれば、お客様はワクワクして催事を心待ちにするはずである。

このように、「どうすればお客様が喜んでくれるか？」といったストーリーを考えていくと、当たるＤＭ企画が見えてくるのである。

No.123
当たる?!
DM作戦の成否を分けるのが
プレミアム
催事の企画内容
「お客様がどうすれば喜んでくれるか?」といったストーリーで考えていくと、当たるDM企画が見えてくるのである!

PART 2 DM200%活用術

第7章 固定客を呼び込む「DMづくりのABC」

58

DM封筒には、見てもらえる仕掛けを

●ゴミ箱行きにならないように

当然のことだが、DMは中身を見てもらえるかどうかで、レスポンスは大きく違ってくる。しかし1人のお客様のもとに届くDMが、あなたの会社からのDMだけならよいが、実際には同業他社のみならず、異業種も含めた、実にたくさんのDMが送られてくるというのが現実である。そのため、DMを受け取ったお客様にとって興味のないDM、何の特徴もなく注意を惹かないDMは開封されることなく、ごみ箱行きとなってしまう。

この、未開封のまま捨てられるDMの割合は、ある調査によると実に7割ともいわれている。DMの中身の企画内容も当然大事だが、それ以上に開封の前段階、つまりDMの外観（封筒）の仕掛けで勝負が決まるといっても過言ではないのである。

では、どんな仕掛けがお客様の気持ちを「ぐっと」引き寄せることができるのか？

●仕掛けづくりのポイント

(1)　経営者や社員のイラストを入れる

単なるイラストではなく、愛嬌をもたせ「ご来場をお待ちしております」「来てください！　見てください！」などの本音のメッセージを飾らずに入れる。

(2)　「おやっ」と思わせるキャッチコピーを入れる

・「W（ダブル）特典在中」「無料プレゼント在中」

・「あと○日に迫っております。至急ご案内をお読みください」

・「先着10名様限定」「3周年記念・2日限りの特別ご奉仕」

(3)　開封しやすい封筒を使用する

・ミシン線入り封筒

「ここから切り離してください」とコピーがあると、ついつい開けてみたくなる。

・ワンタッチジッパー封筒

子供のお菓子の箱によくあるパターン。用がなくても開けてしまう。

これ以外にも、封筒に小窓を設けて特典物が見えるようにしたり、中が丸見えの透明ビニール封筒も効果大だ。

たとえばミシン線入り封筒
開封しやすい封筒を使用する
料金別納郵便
『おやっ?!』と思わせるキャッチコピーを入れる
経営者や社員のイラストを入れる
無料プレゼント在中
ご来場お待ちしております!
TRASH
ある調査によると7割のDMが未開封のまま捨てられているという。つまり外観の仕掛けで勝負が決まるといっても過言ではない!

59 異物封入の仕掛け方

●触覚に訴える仕掛け

ＤＭの外封筒への仕掛けに加えて、さらに開封率を大きくアップさせる方法がある。

それは、封筒の中に異物を封入することである。たくさん届いたＤＭは、誰でも一度は手に取って、読むか捨てるかを判断する。その手に取った際、「あれっ、何か入ってる？」と興味を持たせるのが「異物封入ＤＭ」だ。外封筒への印刷が視覚に訴える仕掛けであるのに対して、異物封入ＤＭは触覚に訴える仕掛けなのだ。

では、「封入する異物」はどんなものがよいのか？

まず、考えなければならないのが「異物＝無料プレゼント」となり、しかも先行してお客様に送り付けてしまうことから、「もらっても困らないもの」でないと、その後のレスポンスに悪影響を及ぼしかねない。またコスト面でも、1個当たり10～15円程度に抑えたい。そこでよく使われるのが、鉛筆や消しゴム、ボールペンといった文房具類である。文房具であれば、もらって困ることはまずありえない。

●音や匂いに訴える方法もある

「五感に訴える」ということであれば「視覚」「触覚」以外にも、いくつかポイントとなるものがある。例えば「鈴」などは「聴覚」を刺激する。手に取った封筒から「チリンチリン」と音がすれば、まず開封するし、その後の使い道として、車のキーにつけたり、ペットの首輪につけることもできる。またコスト面でも、直径5ミリ程度の鈴であれば、郵便コストが割高になることもない。

次に「臭覚」という点では、小型の入浴剤を封入するのも効果的である。異物感に香りも手伝って開封を促すからである。この入浴剤の「封入以外の使い方」としては、はがきサイズの入浴剤であれば、封入せずに直接文章を書き込むことで、来店お礼状として使うこともできる。ただし、入浴剤の重みと厚みで、コストはハガキよりは割高になる。

「異物封入」と「五感に訴えるマーケティング」をうまく活用して、高いレスポンスを獲得できるＤＭをつくってみよう。

触覚
に訴える仕掛け
異物封入DMは
五感に訴える
仕掛けなのだ！
臭覚・聴覚
に訴える仕掛け
ぷ〜ん
入浴剤
チリンチリン

60

まずは、顧客名簿をつくろう

●良質な顧客名簿とは

DMの効果を最大限引き出すには、DMでの情報をほしいと思ってくれるお客様に送付するのが一番であることは言うまでもない。つまり、DMの成否は、いかに「良質」な顧客名簿をつくるかによるのである。

では、「良質な顧客名簿」とは、どんなリストなのだろうか？

それは、日頃からあなたのお店を利用してくれるお得意様である固定客のリストのことである。このリストをハウスリスト（自社作成リスト）という。このハウスリストをどうつくっていくかを、ここでは考えよう。

●特典と引き換えに名前や住所を知る

リストをつくるのに必要なものは、お客様の住所と名前である。しかし、普通は聞かれたからといって、むやみに教えてくれるものではないし、あなたの会社の業種・業態によっては、名前や住所が聞きにくいこともあるはずである。まず、これをどうクリアするかだ。

それは、お客様に「特典」を与えることでおおむね解決する。つまりお客様に「名前と住所を教えるだけで、こんなに得するなら教えよう」と思わせることである。

例えば「ポイントカード」がそうである。これは、小売業やサービス業で多く使用されているが、その内容は、買上げ金額や受けたサービスの多さに比例してポイントが貯まり、いっぱいになった時点で景品と交換できるというもの。このポイントカードの利点は、ハウスリストの作成とお客様の固定化が同時に行える点にある。もう1つは「割引券の発行」である。これは、お客様が割引券を利用する際に、名前、住所、電話番号などを記入した状態で回収できるメリットがある。また、来店時に手渡して次回の割引を約束したり、折込やポスティングのチラシに割引券を印字することで、来場促進にもつながるのである。

以上の2つを確実に実行するだけで、かなりのハウスリストの作成が可能になる。

「お客様は、タダでは何も教えてくれない」ということを肝に銘じて、リスト作成に取りかかる必要がある。

POINT CARD
割引券
「ポイントカード」や「割引券」の発行などでかなりのハウスリストの作成が可能になる！
顧客名簿
LIST

61

当たるDM企画を組もう

●来店の動機付けとなるような企画を

ＤＭ封筒も工夫し、開封率を上げるための仕掛けも施し、いざ開封して中を見てみると、肝心の企画内容に魅力が感じられないとなっては、本末転倒である。ＤＭを出した側にとっても、いくつもの難関を突破してきた苦労は水の泡だし、ＤＭを受け取ったお客様にしても一度ガッカリしてしまうと、次回から差出人名を見ただけで、ゴミ箱直行ともなりかねない。企画の趣旨を理解してもらい、来店を強く促すためにも、お客様に「おもしろそうだな。ちょっと行ってみるか」と思わせるようなＤＭ企画を組む必要があるのだ。

では、どんなＤＭ企画が、お客様の来店を強く促進できるのか？

●企画立案のポイント

(1) 来店しただけでもらえる景品を用意する

景品の獲得のみを目的とした、いわゆる「景品ハンター」と呼ばれるお客様もゼロではないが、「来店＝特典」という「お得感」は用意しておきたい。

(2) 抽選機能付き色鉛筆で景品のランク分けをしておく

先に紹介した、開封率を上げるための文房具を「色鉛筆」にして、色によってもらえる景品が違ってくるといった仕掛けにする。詳しくは第9章で述べるが、外からは何色かわからない特殊な鉛筆を使用し、削らずに持参してもらうようなルールにする。こうすることで、お客様は来場して色鉛筆を削ってみないと何がもらえるのかわからないという、ワクワク感をもって来店してくれる。ただし、ＤＭ企画の趣旨は、お客様に来場してもらって、商品を購入してもらうことにあるので、あまり企画だけに凝りすぎて、残念賞はお客様が落胆するような内容だったという事態は避けなければならない。

(3) 家族参加型のゲームを企画する

日曜大工教室を開いたり、じゃんけん大会で当日使える割引券を景品とするなど、家族参加型イベントは意外と来場しやすいものだ。

お客様としても、家族全員が楽しめる催事であるほうが、来店するのに家族を説得しやすいものである。

家族参加型のゲームを企画する
来店しただけでもらえる景品を用意する
企画の趣旨を理解してもらい、強く来店を促すようなDM企画を組む必要がある
抽選機能付き色鉛筆で景品のランク分けをしておく

62

集客200％アップの「特招会」

●固定客の心をくすぐる「特別扱い」

ＤＭを成功させる最も重要な要素の１つに「特別扱い」というものがある。これは、ある特定のお客様だけ、それ以外のお客様とは区別して優先的に利益を与えることで、ＤＭを受け取った特定のお客様に、「私は、この会社（お店）から特別扱いされている」「他のお客様より大事にされている」と感じてもらい、来場の促進と固定化を図るというものである。

●消費感情を刺激する特紹会

この「特別扱い」を具現化するのが、特招会だ。

特招会とは特別招待会の略で、通常の催事に先立って上得意客を招き、特別価格で一般客よりも優先的に買物をしてもらうという特別企画のことをいう（例えば、冬物バーゲン開催の１週間～10日前に、上得意客の手元にＤＭが届くように発送し、来店を促す）。

進め方としては、まずＤＭ送付対象のお客様を選ぶ。このＤＭ送付は、通常、自社の売上に貢献してくれているお客様を対象とする。つまり、購入金額上位のお客様や、友人客以上の固定客などを選ぶのである。

次に、特紹会で特別価格で提供する商品と割引率を決め、通常催事で提供される価格と比べて、「いかにお買い得か」ということを訴求する（例えば、バーゲン期間中は5～10％ＯＦＦであれば、「特招会期間中のみ一律10％ＯＦＦ」といった打ち出しにする）。

そして、集客の決め手として「お楽しみ福袋抽選会」を行うのである。筆者の支援先のリフォーム会社では、イベント当日の来場者全員に各１回くじを引いてもらうための「抽選券」をＤＭに封入している。特等は「ＤＶＤプレーヤー」、１等は「ディズニーリゾートペアチケット」、以下、庖丁セットやお米券など、手づくりの三角くじを用意し、何がもらえるかは、当日くじを引いてみないとわからないというものだ。特等から4等ぐらいまで用意したほうが、特招会は盛り上がる。

この「ワクワク感」はもちろん、特別扱いによる「優越感」、割引や景品による「お得感」が消費感情を刺激し、平均レスポンスは10～15％程度になる。

通常の催事に先立って上得意客を招き、特別価格で一般客よりも優先的に買物をしてもらうという特別企画のことをいう
特招会
私は、このお店から特別扱いされている！
特招会期間中のみ一律10%OFF+お楽しみ福袋抽選会

63

集客200％アップの「プレミアム」

●他社との差別化のための強力な手段

プレミアムとは「特典」のことである。成熟期において高い集客率を上げるためには、プレミアムは不可欠だ。お客様の心理としては、「どこで買っても大差のない商品であれば、プレミアムのあるお店で買おう」ということになりがちである。

仮に、同一商圏内の同業他社が、プレミアムを使った集客手法をとっていなければ、早く先手を打つべきだし、既に行っている場合では「その上をいくプレミアム」を演出する工夫が必要になる。

●プレミアムの3つの形態

プレミアムは、大きくは以下の3種類に分けられる。

(1) 無料プレミアム（来場プレミアム）

商品の購入に関係なく、来店さえすればもらえる「無料プレゼント」や「無料サンプルをお申込みの方にもれなく差し上げます」といったもの。

特に来場プレミアムなどの場合は、スーパーがよくやる「タマゴ1パック」や「ティッシュ5箱」といったプレゼントより、「アルミ缶プレス」や「キッチンバサミ」など、高価なものではないがあまり自分では買おうとは思わず、もらうとうれしいものが比較的効果がある。

(2) 成約プレミアム（抽選プレミアム）

注文や成約を基準として発生するプレミアム。

これは、「期間中、成約した方にもれなくバーベキューセットを差し上げます」といった成約者全員を対象にするものと「成約の方から抽選で3名様に海外旅行をペアでプレゼントします」といった、限定数を対象とするものがある。

(3) 紹介プレミアム

不動産業などでよく見られるが、購入者を紹介してもらった時点で紹介者に500～1000円の図書券を、さらに紹介してもらった方から受注できれば10万円相当の景品を差し上げるといったものだ。

いずれにしても、お客様を惹きつけるプレミアムが提供できれば、見込み客の獲得においては他社と差をつけることができるのである。

成熟期において高い集客率を上げるためにはプレミアムは不可決だ！
PREMIUM
PREMIUM
キッチンバサミ
バーベキューセット
プレミアムは、大きく分けて3種類ある
① 無料プレミアム（来場プレミアム）
② 成約プレミアム（抽選プレミアム）
③ 紹介プレミアム

64 DMには、必ず魅力ある特典を

●特典がないDMは意味がない

DM企画を立てているとき、来場特典となる景品や割引を決める際、「景品や割引をつけても、商品購入につながりにくいのでは?」といった質問を、時折受けることがある。

この質問に対する答えとして、いつも申し上げることは、「受け取った側に特典のないDMなら、DM企画は止めた方がよい」ということだ。単なる情報伝達のための手段としてのDMであれば、チラシのほうがコスト的に割安だし、コストをかけてお客様に個別対応する以上は、少なくとも購入を前提として、来店や問合せを得られるような仕掛けが必要なのである。

今は、大半の業種・業態において、集客数自体が以前のように確保できない状況である。このような少ないパイを奪い合うシェア重視の時代であればこそ、見込み客の獲得が企業成長の命運を分けるといえる。

●「長期結論型のお客様」を狙え

集客を考えるとき、お客様というのは大きく2つに分類されるということを認識しておくことが必要だ。

1つは「短期結論型のお客様」と、もう1つは「長期結論型のお客様」である。

この2種類のお客様の特徴として、「短期結論型のお客様」は競合も多く、見つけるには多くの広告費用がかかる一方、「長期結論型のお客様」は競合も少なく、無料プレミアム(来場プレミアム)といった、比較的低予算での獲得が可能である点が挙げられる。

中には、「景品ハンター」と呼ばれる景品獲得のみを目的にしたお客様もいるが、それに混じって「短期結論型のお客様」も獲得でき、かつ「長期結論型のお客様」も獲得できる。

そのためには、前項で述べたように、無料プレゼント(来場プレミアム)を「もらってうれしいもの」にしなければならない。

また、紹介、成約といったプロセスごとに魅力のある紹介特典・成約特典を用意することで、集客力が上がるのである。

特典がない
DMは意味
がない!!
特典
DM
長期結論型のお客様
は競合も少なく、無料
プレミアムといった比較
的低予算での獲得が
可能である……!

65

心をこめた手紙を書こう

●パソコン万能時代を逆手にとる

今は、商用文書はパソコンが当たり前の時代である。これだけパソコンが普及して、いろいろなサイズや字体で手軽に文書がつくれるようになると、すべての文書情報をパソコンで作成しがちだ。しかし、販促物としてのDMの効果を考えるとき、「心をこめた手紙」の活用によるレスポンスの高さは、味気のないパソコン文字でのDMを上回ることがしばしば起こるのである。なぜか？

その理由は、2つある。

1つ目は、手間ヒマかけてつくられた「手書きの手紙」を受け取ったお客様は、その字体から手紙の作成者を身近にイメージするからだ。つまり、手書き文書によって「ぜひ来店してほしい」といった気持ちが伝わりやすいことと、時間をかけて1人のお客様に対して手紙を書いたという「パーソナル性」が増すことにある。

2つ目は、「差別化」と「意外性」という要素を含んでいることだ。

先日、筆者は一人娘のために雛人形を購入しようと、2つの人形店に資料請求を申し込んだ。1社は全国に支店のある大手、もう1社は地元の老舗人形店だったが、双方とも1週間もしないうちに資料が送られてきた。

大手の会社は、見栄えの良いカラーカタログと簡単な送付状1枚のみ、一方の老舗人形店は、カラーカタログと、人形づくりへのこだわりを記載した冊子、人形選びのためのオリジナルビデオ、さらには雛人形職人の方の直筆による手紙（便箋4枚）が封入されていた。

筆者が手に取って「差別化」と「意外性」を感じたのは、当然、老舗人形店からの資料であった。

たった1本のメールでの資料請求にもかかわらず、こんなにたくさんの、人形を選ぶための材料を与えるという、資料請求者への対応の「差別化」と、便箋4枚もの手書き手紙を封入するといった「意外性」をひしひしと感じたからである。

モノがあふれ、競争も多く、人間関係も希薄な時代であればこそ、なおさら他社との違いをお客様に明確に伝え、購買心理を刺激する演出が必要なのである。

筆者に届いた老舗人形店からの手紙

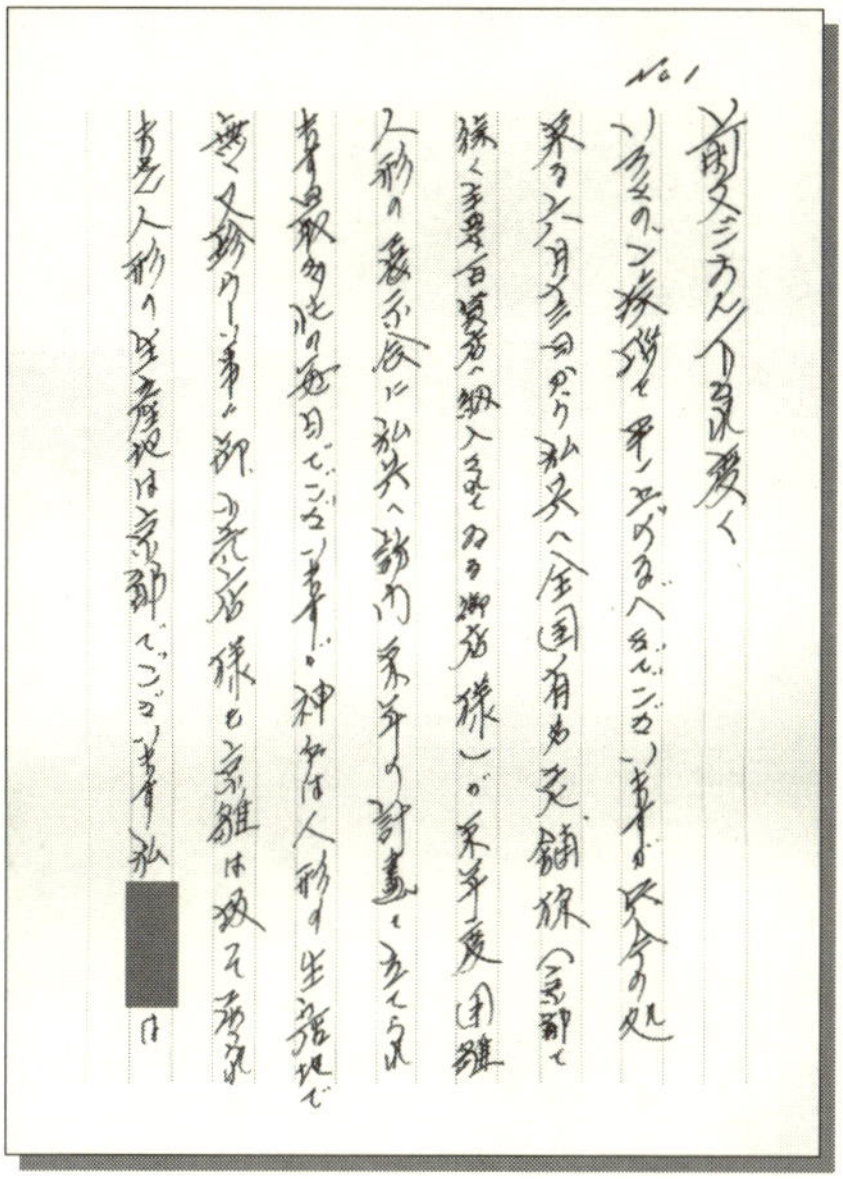

No.1

前文ごめん下され度く
ご丁寧のご挨拶を頂きましてありがとうございます。只今の処
来る六月十三日から私共へ全国有名老舗様(京都で
七十五百貨店へ納入されている御店様)が来年度用雛
人形の展示会に私共へ訪れ来年の計画を立てられ
ます最も多忙の毎日でございます。神奈川は人形の生産地で
無く又珍しい事に御当店様も京雛は扱って居られ
ます。人形の生産地は京都でございます。私[redacted]は

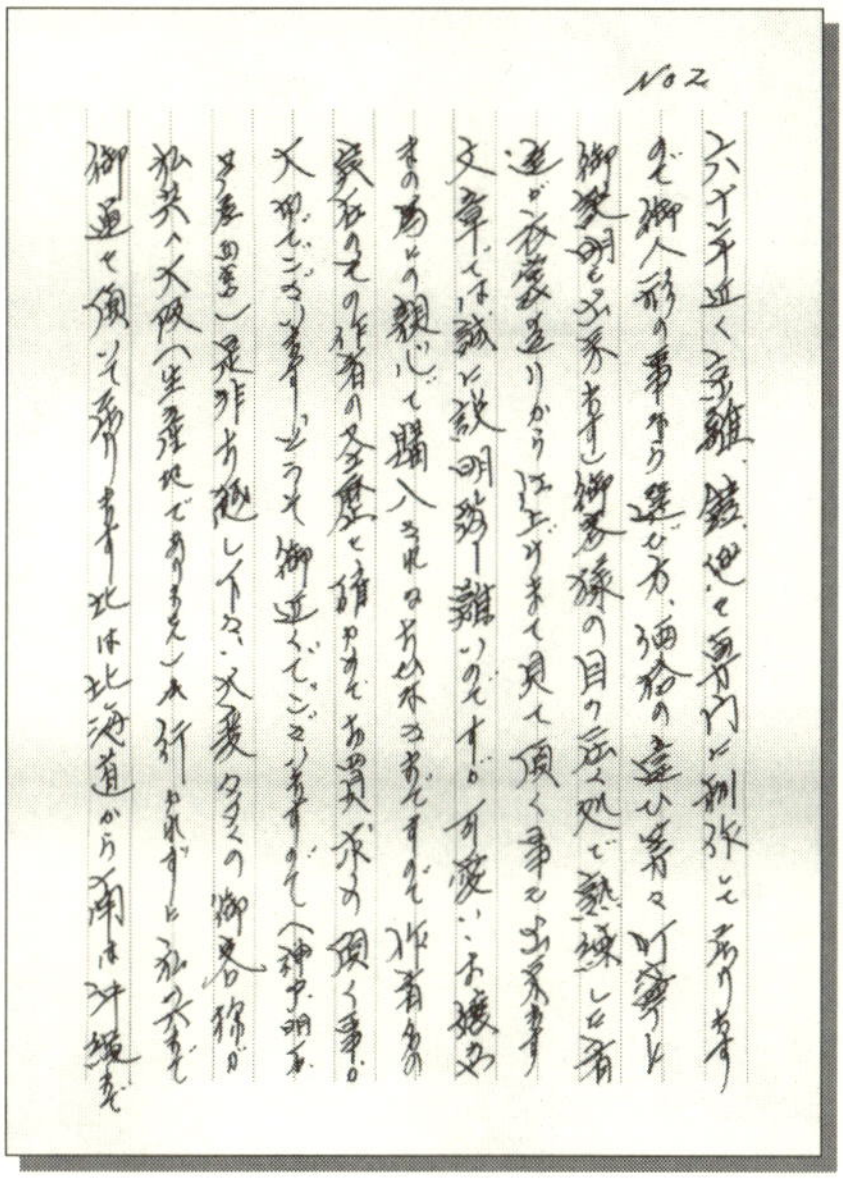

No.2

六十年近く京雛、鎧造で専門に制作しております
まず御人形の事から選び方、価格の違い等々丁寧に
御説明を申し上げます御客様の目の届く処で熟練した者
達が衣裳造りから仕上げまで見て頂く事を申しております
文章ではなかなか説明が難しいのですが、可愛い、お嬢さんの
ための御人形の親心で購入されるお客様がいますので作者名の
表示その作者の全歴と顔が分かってお買い求め頂く事。
大切でございます。そうして御近くでございますので(神奈川県)
お客様是非お越し下さい。又遠方の御客様が
私共へ大阪(生産地でありません)へ行かれずに私共まで
御通い頂いております。北は北海道から南は沖縄まで

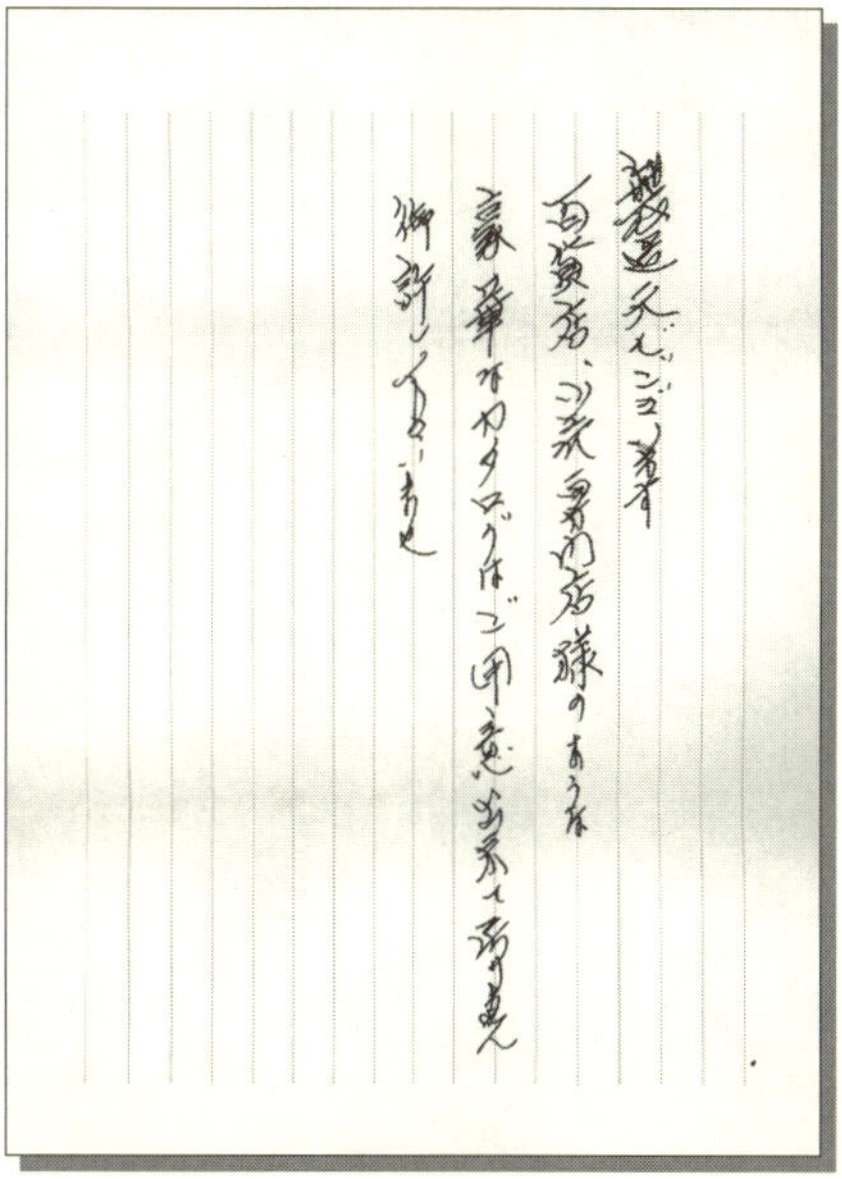

発送致しております
百貨店、ご近所専門店様のような
豪華なカタログはご用意出来ず済みません
御許し下さいませ

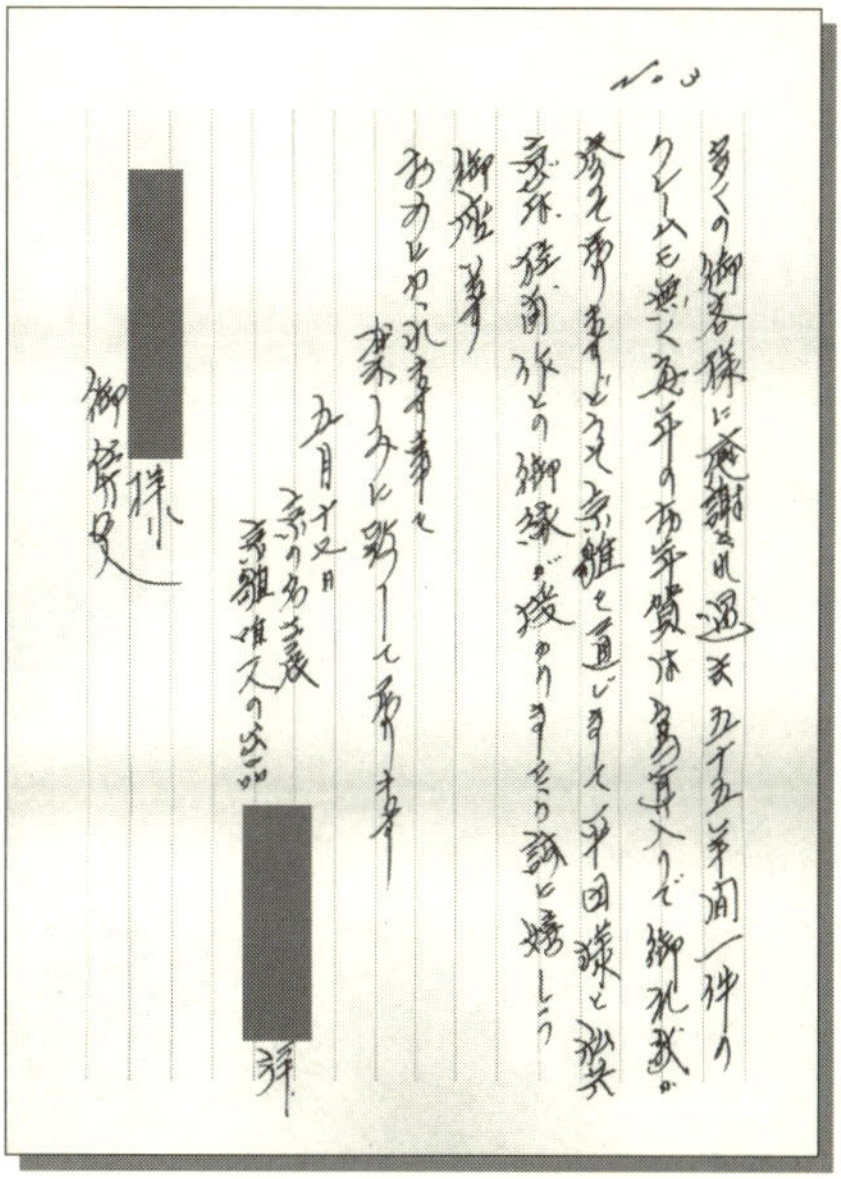

No.3

多くの御客様に感謝され過ぎ五十五年間一筋の
クレームも無く毎年のお年賀状も多数入りで御礼状が
参って来ますので京雛を通じまして御客様と私共
家族様、他府県の御縁が繋がりました事誠に嬉しう
御座います
おわかりにくい乱筆乱文を
失礼しまして失礼します

五月十五日
京の人形師
京雛唯人の店[redacted]拝

[redacted]様
御許へ

66

イラストを入れて親近感を高める

●読む気を起こさせるDMに

商品を買ってもらうためには、その商品の持っている価値をしっかりとお客様に伝えなければならないことは、既に述べた。しかし、価値を多く伝えようとするあまり、「文字ばかりのDM」になってしまうことがよくある。そのため、堅いイメージが前面に出過ぎてしまったり、一目見て、読む気が喪失してしまうといったことが起こってしまう。

そこで、伝えたい情報量を減らさず、かつ、見た目にも受け取ったお客様が見やすいDMをつくる方法として、「社長や社員のイラストを入れる」という手法が効果的である。これは「人打ち」といわれるもので、DMに限らず、チラシなど他の販促媒体でも使われている。

●目を惹き、親近感を持たせるイラスト

この「人打ち」の効果は、次の2点である。

まず1つ目は「イラストは目を惹きやすい」ということである。DMを開封したとき、その紙面上にイラストが載っていれば、それが必ず真っ先に目に飛び込んでくる。第一印象で、お客様の注意をイラストで惹きつけることができれば、中身を読んでもらえる可能性が高くなり、同時に、価値が伝わる可能性も高くなるのである。

2つ目は「読む人に対して、親近感を与える」ということだ。社長や従業員の顔が見えることで、お客様は安心し、会社に対して親しみを持ち、来店しやすくなる。「イラストを載せるような親しみやすい会社」という企業イメージを、お客様の脳裏に焼き付けているのだ。

親近感ということであれば、「写真を載せたほうがいいのでは？」と思いがちだが、イラストのほうが、写真では出しにくい「愛嬌の良さ」を出すことができる。動物を使ったキャラクターが長年にわたって多くの人に愛されるように、多少マンガ的なイラストのほうが、印象に残りやすいのである。

今、売り手側に求められているのは「すべてをオープンにすること」。これが企業生き残りのための重要なキーワードである。経営者や従業員を、イラストを使ってオープンにすることから始めてみてはいかがだろうか？

目を惹
親近感
経営者や従業員を、イラストを使ってオープンにすることから始めてみてはいかがだろうか？
地元で50年
リフォームの
ことならふ・ま
かせください

67

お客様の声を入れて安心感を演出

●不安心理を払拭する先輩客の声

お客様が商品を購入する際、「これを買っても損はしないだろうか？」という心理は、常に働くものである。羽毛布団や通信教育講座、住宅などの高額な商品ではなおさらである。こんな場合、売り手側の積極的な商品アピールの「何倍もの説得力」を発揮するのが、既に商品を購入しているお客様の「生の声」だ。この「お客様の声」は、今、まさにその商品の購入を検討しているお客様にとって、非常に興味をそそるものであり、また客観的意見として素直に聞くことができる情報なのだ。

●どう集めて、どう活用するか

では、この「お客様の声」はどのように集めて、どう活用すればよいのだろうか？

まず、お客様の声の「集め方」としては、アンケートをお客様自身に書いてもらうことだ。このアンケートの作成で注意したいことは2つある。1つ目は、必ずアンケートの質問項目として、商品価値や会社（お店）の対応等の良かった点に触れてもらうような項目を入れておくことだ。例えば住宅会社であれば、商品価値に関しては「気密性や断熱性はどうですか？」「どんな間取りにこだわって、それは実現しましたか？」とか、会社の対応についてなら、「担当者の対応は良かったですか？」「この会社を選んだ理由はどんなことですか？」など、お客様自身に書いてもらう。2つ目は、声と一緒にお客様の住所・氏名・写真を掲載することだ。掲載についての了解がお客様から得られない場合はイニシャルでもいいが、より信憑性を持たせるためには、極力実名が望ましい。

次に「活用の仕方」としては、定期的に情報誌として送ったり（例えば、今月のお客様からの一言など）、お店の店内に「お客様の声コーナー」として貼り出すといった活用法がよい。それによって、商品やお店（会社）に対する安心感が高まってくるのである。

お客様は、利害関係の対立する「売り手側」の美辞麗句より、同じ「買い手側」で、より客観的な立場でのいわゆる「先輩客の生の声」を信用するからだ。

STORE
お客様の声コーナー
お客様は「売り手側」の美辞麗句よりも、同じ「買い手側」の先輩客の生の声を信用するものなのだ！

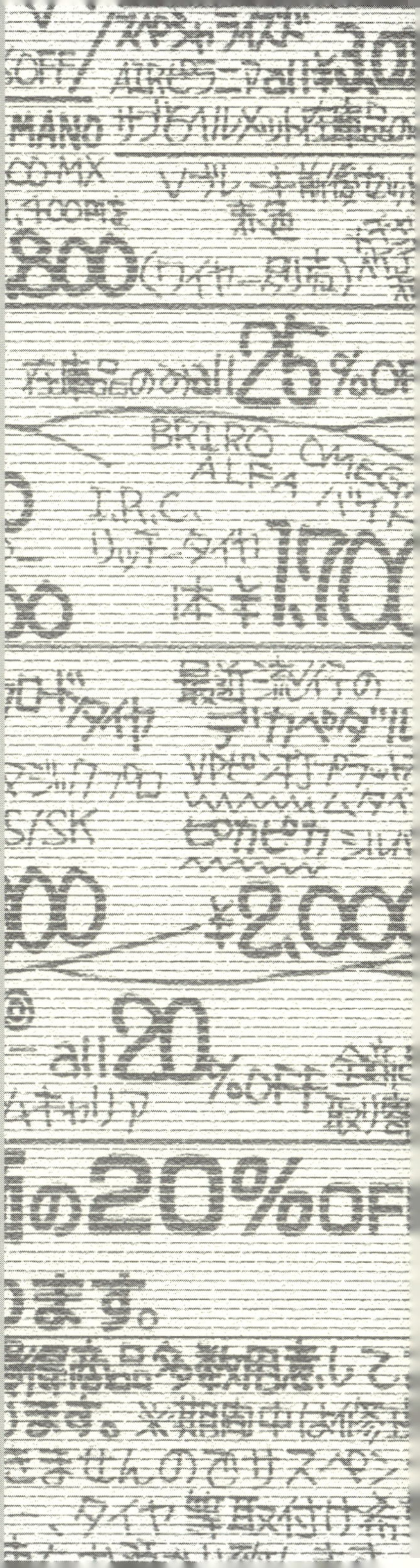

PART 2　DM200%活用術

第8章　固定客を逃がさない顧客管理術

68

20%の顧客で80%の利益を稼ぐ

●重要な既存客へのアプローチ

顧客管理の重要性が、これからの時代、大きくクローズアップされてくる。

なぜなら、新規の客を獲得するより、今、目の前にいる顧客に対するアプローチを高めていったほうが、最終的にはコストが抑えられ、高い効果が得られることがわかってきたからである。

そのためには、既存客に対してどのようにアプローチしていくか、このことが、経営の中でより重要な戦略となってきている。

その際、まず考えないといけないのは、「より上位の顧客ほど、自社への利益をもたらす」ということ。このことを忘れてはいけない。

これをパレートの法則といい、上位20%の顧客で全体の80%の利益に貢献しているというものである。もちろん、業種、業態、企業によって、この数字は若干変わるにしても、上位顧客ほど、自社に利益をもたらしているのは間違いない。

●ロイヤルマーケティングに取り組む

そこでまず、上位顧客をつかむための顧客管理システムをつくらなければならない。例えば、あなたの店に1000人の顧客名簿があるとする。そのうちの上位200人の名前が、すぐにわかるだろうか。買上げ金額や来店回数などによって、この上位200人をきっちりとつかんでおく必要がある。この上位200人こそ、あなたの店の利益の「8割」に貢献しているからだ。

したがって、この上位200人に対してDMを打つほうが、当然レスポンスも高く、客単価も上がり、利益をもたらすに違いない。そのようなスタンスから、顧客管理を行っていく必要があるのだ。

これを別名、ロイヤルマーケティングともいうが、具体的に実践している会社は少ない。おそらく、取り組んでも劇的には数字に表れないからだろう。どうしても目先の売上に走りがちになるからだ。しかし、5年後、10年後を見据え、今からこのロイヤルマーケティングの準備をしておく必要は大いにある。

パレートの法則でロイヤルマーケティングに取り組もう

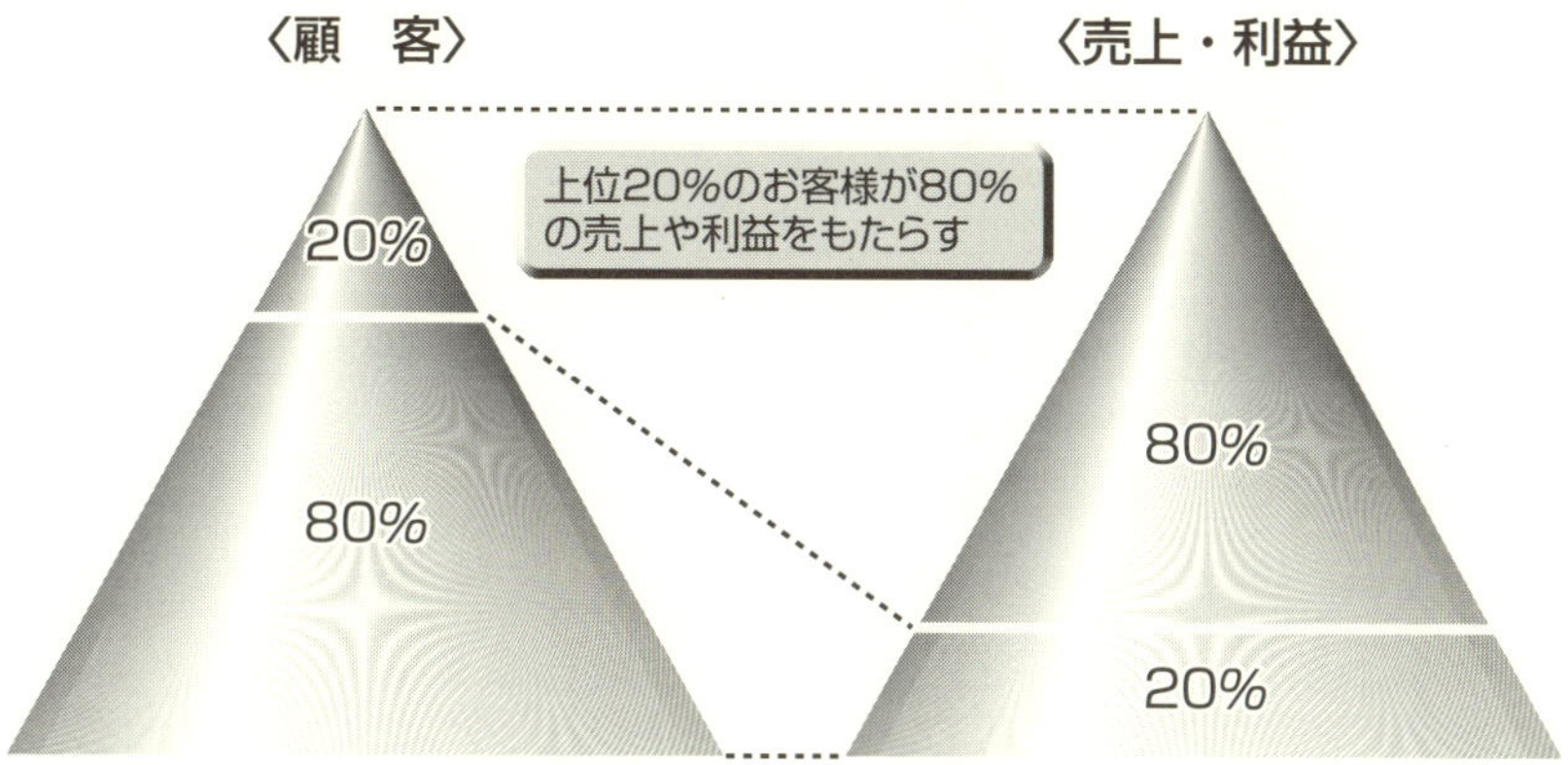

69

上位顧客をつかむためのハウスリスト

●お店で最も大切な顧客台帳

昔の呉服店では、火事にあったとき真っ先に持ち出すものは顧客台帳、という話を聞いたことがある。

つまり、お金や商品よりも大事なのは顧客台帳ということだ。顧客台帳さえあれば、いくら火事に遭っても、その後の商売ができるということである。

それが、いろいろな広告手段が発達したせいか、今の顧客をきちんと整理して、それを活用しているお店は意外に少ない。どうしても、新しい顧客を追い求めがちになる。

しかし、肝心なことは今の顧客を大事にすることだ。その中でも、上位20％の顧客をつかみ、手厚く対応する必要がある。そのためには、ハウスリストである顧客リストをきちんと整備しておかなければならない。

●リストづくりの方法とメンテナンス

顧客リストづくりの手法として、一般的には次の6項目が重要である。

①住所
②氏名
③電話番号
④購入商品
⑤購入金額
⑥購入日

最低限、これらの要素を、パソコンのデータの中に入れておかなければならない。ただ、そういった入力作業をきちんと行っていない中小企業が多く見られる。毎日毎日お客様が増えていくので、もれなく入力しないといけないのだが、これを怠っているところも多い。アルバイトを使ってでも行うべきである。

また、リストのメンテナンスも大切である。リストの内容の精度を保つため、それなりにリストクリーニングしなければならない。引っ越ししたり、法人なら廃業などで、必ず数パーセントは不要なリストが出てくる。また、DMなどを出して、宛名不明で返送されたものは、必ずチェックしておくことだ。

お金や商品よりも大事なのは顧客台帳（ハウスリスト）、これがあれば火事にあってもその後の商売ができる！
電話番号
氏名
購入商品
住所
購入金額
購入日

70

RFM分析で顧客名簿を分析しよう

●RMF分析とは

前に、上位20％のお客様が80％の利益をもたらすと述べたが、その上位20％のお客様をつかむためにはどういう基準で、そのVIP客を抽出するのか、ということが課題となってくる。そのときによく使われる手法が、RFM分析という手法だ。

RFM分析というのは、今から40年ほど前に、アメリカのダイレクトマーケティング協会が、顧客分析のモデルとして発表したものである。今から40年前というと、かなり古い手法といえるが、今でもこの考え方がベースとなっている場合が多い。

このRFMというのは、まずRは、最新買上げ日(Recensy)、Fは買上げ回数(Frequency)、Mは買上げ金額(Monetary)の略。つまり、より最近買ったお客様、また何度も買ったお客様、さらに買上げ金額の大きいお客様、この3つの基準で顧客を分析して、それぞれ顧客ランクをつけていくという考え方である。

このようにして、上位20％を抽出する手法がRFM分析であり、RFMポイントの高い顧客に重点的にアプローチしていけば、それだけ売上利益の増大が見込め、費用対効果も上がってくるわけである。

●お客様のランク分けで高いレスポンスを

左の表がその例である。

自社のお客様のベスト100という基準で抽出し、それぞれの売上金額、来店回数、最新購入日という3つのフィルターによって優先順位をつけ、それぞれランク分けをする。これを年に数回行えば、上位100人だけに対して、特別招待会などを開催することもでき、高いレスポンスが期待できる。

例えば、あるカラオケ店で、年30回以上来店、10万円以上の売上、最近3か月以内に来店したお客様のみの招待DMを打ったが、このときは非常に高いレスポンスを記録した。

上得意客を科学的に抽出してアプローチすると、普段よりも高いレスポンスが期待でき、さらに固定化にもつながっていくのだ。

RFM分析表のフォーマット例

[*店・*部門・*担当　R:9ヶ月以内　F:1回以内　M:11以上（単位:10,000）] RFM顧客管理リスト　種別:

顧客コード	店コード	担当	名前	TEL	TEL2	郵便番号	地区	住所	法人名	所属

71

オートコールで効率的なアプローチを

●低いDMのレスポンスをどう改善するか

顧客データを整備しているが、それをうまく活用していないという企業が多い。やみくもにDMを打ってもレスポンスが1%～2%と低く、採算がとれないというケースも多々ある。

どうして、こういうことになるかというと、顧客データの大半が「今必要ない」お客様であり、そこに多くのDMを打っているからだ。よくよく考えてみると、DMのレスポンスは、業種によって異なるが、平均3%～5%である。つまり、ほとんどのお客様は今必要ないというわけだ。

そこで、顧客名簿の中から「今その商品がほしいお客様」のみを抽出する方法がある。それが、オートコールという方法である。

オートコールは、コンピュータによる無人のテレマーケティングであり、セットさえすれば、自動的に電話がかかり、コンピュータの声でしゃべってくれる。それに対してお客様が反応して答えてくれるというものだ。

●オートコール活用の実例

一例を挙げよう。ある専門店のケース。1万件の顧客データを持つこのお店は、毎回1万通のDMを打っていた。しかし、レスポンスが2%と低い。これでは費用対効果がまったく合わない。そこで、1万件にDMを打つ前に、オートコールでアンケートをとってみた。

まず、「今度の土日に特別ご招待会を開きますので、割引券もしくは特招会の案内がほしい方は、7番を押してください」というメッセージを流す。そうすると、1万件の中から、今その商品がほしい人だけが7番のボタンを押す。そして、その人だけにDMを発送すればよい。

実際の結果は、約1割に当たる1000件のお客様から反応があった。そして1000件に対してDMを送る。するとどうだろう。レスポンスが30%に上がった。つまり、300人が来店したのである。これまで、こんなにレスポンスが高かったことはない。電話を1本かけるだけで、DMの数が10分の1になり、コストパフォーマンスがグーンと上がったのだ。

オートコール活用のメッセージ例

〈あいさつメッセージ〉

もしもし、こちらは国道345号線、上横場・交差点そばの、「ビック中村、中村家具」です。
本日は、チラシにはまだ載せていない"限定情報"をお届けいたしております。耳寄りな情報ですので、30秒ほどお耳をお貸しください。

↓

〈質問1メッセージ〉

「中村家具」では、来月20日に新しいタイプのお店、アウトレット家具専門店「ビーン」をオープンいたします。
少々傷有り品、廃盤品から、高級輸入家具まで、すべてが
一般価格の3割から5割引きのお値段で販売いたします。

ただいまご希望の方に、プレゼント交換券が入った、新しいお店の詳しい資料をお送りいたしております。
それでは、資料をご希望される方は、電話機の7番を押してください。

↓ 7番回答

〈質問2メッセージ〉

ご回答ありがとうございます。詳しい資料をお送りいたしますので、ぜひご覧ください。

↓

↓ 無回答（留守電）

〈さよならメッセージ〉

最後までお聞きいただきましてありがとうございました。
「中村家具」の耳寄りな情報でした。それでは失礼いたします。

72

モニター会の実施で人的顧客管理を

●お客様の生の声を改善に活かす

コンピュータによる顧客管理がある一方で、人と人とのつながりの中で顧客管理をする方法もある。これは「お客様の声」を実際に聞いて、それを社内の改善に活かしていくという方法だ。

例えば小売業では、今来店しているお客様の本音の声を知ることによって、売場の改善に役立て、売場のリニューアルをする際のヒントにしているところがある。

そのためには、まず「生の声を吸い上げること」が一番の方法だ。活性化のきっかけにもなり、売上の低迷や客数の減少で困っているお店には、最も良い処方箋といえる。

ズバリ、お客様の声をできるだけ多く収集していくことが、人的顧客管理の絶対条件なのだ。答えは、お客様の中にしかない。

●モニター会やアンケートの活用

お客様の生の声を聞く方法としては、モニター会などの手法がある。

自社の上得意のお客様に集まってもらい、前向きな意見をどんどん出してもらい、会社の改善に役立てるという方法である。このような形で、多くのお客様から意見を吸い上げることから改善を始めていく。

もちろん、すべての意見に対応するということではない。あくまでも要望であるため、当然無理なものもある。その中から優先順位をつけ、取捨選択し、肝心なことから、より多く改善を行っていくのだ。

そして、決めたことをすぐ実行するということは、言うまでもない。お客様との信頼関係を築く上でも大切なことだ。

また、お客様の声を集める別の手法として、アンケートをつくるという方法もある。「お叱りハガキ」という方法で、ズバリ「私共のお店をお叱りください」と積極的にお客様からのクレームを吸い上げるのだ。

ジャスコ（イオングループ）は、１９９４年からお客様ご意見カードとしてこの制度を導入。いち早くＣＲＭ活動を定着させている。

お客様の声を吸い上げるFAXシート

FAX番号　0120-XX-XXXX

お客様の声大募集!!


いつもご利用いただきありがとうございます。

このたび、広くお客様の声をお聞きして、お客様相互の交流をはかりたいと考えました。食べて「こんなことがあったよ。」とか「こんな食べ方でもっとおいしかったよ。」などなどを集めて次のDMの中に発表していきたいと思います。

本名・ペンネームどちらでもかまいません。

次回に掲載された方には、Pセットをプレゼントいたします。

どうぞ皆様の声をお聞かせ下さい。

73

DM方程式で費用対効果を測定

●効果がわからなければ改善できない

顧客管理の重要な目的は、費用対効果を上げるということ。当然、そのDMを打ったことにより、いったいどれぐらいの効果が上がり、ペイしているのかを把握していく必要がある。

しかし、よく見られるパターンだが、「DMを出しているが、レスポンス率がよくわからない」「来店時にDMを回収できていない」などという声が聞かれる。これでは、マーケティング不在と言わざるをえない。

どれだけのレスポンス率があったのか、また、その結果が良かったのか悪かったのかを分析して初めて、次回のDM作成に役立てることができるのだ。

●「客単価」、「粗利率」、「レスポンス率」をチェック

そこで、客観的にこのDMが当たっているのか、はずれているのか見分ける公式がある。これを「DM方程式」という。左を見ていただきたい。

まず、お店の客単価を出す。それに対して、粗利率を掛ける。次にDMのレスポンス率を掛け合わせる。

その出てきた金額が、DM1点当たりかかったコストの最低2倍の数字であれば、トントンということになる。仮に3倍以上あれば、そのDMで十分に利益を出しているとみなしてよい。同じであれば、まったく儲かっておらず、赤字である。

仮に、DM1点当たりの金額が2倍以下になった場合、「客単価」もしくは「粗利率」または「レスポンス率」のいずれかを上げていく必要がある。

DM企画を検討する上で、特に大事なのはレスポンス率であり、そのためには、DMの内容もさることながら、顧客名簿を見直してみることも必要となる。顧客ターゲットを絞りきれず、ムダなDMを打っていることで、レスポンス率が下がることが多いからだ。

また、業種別のレスポンス率も表にまとめたので、参考にして頂きたい。

DMのレスポンス率は、平均単価やマーケットによって異なるので、あくまでも参考値だが、自社との比較の基準にしてほしい。

これがDM方程式だ！

公式

「客単価」×「粗利率」×「レスポンス率」＝ ○○○円 ≧DM1点当たりのコストの2倍

※1点当たりのDMコストは、制作費・印刷費・郵便料金を合わせた数字。

客　単　価…お客様1人当たりの購入金額　売上金額÷お客様数
粗　利　率…売上金額に対する粗利の割合　粗利÷売上金額　粗利とは、売上金額から原価を差し引いたもの
レスポンス率…送付したDM枚数に対して、何人のお客様が購入したかを示す割合
購入お客様数*÷DM送付数
*来店客数や問合せ数をいう場合もある

公式を使っての検証例

封書DMを出して特別招待会を行ったある家具店のケースでは、DM1点当たり100円のコストがかかりました。客単価が30,000円、粗利率が20%、そして、DMを出したうち購入した人の割合、つまりレスポンス率が5%となりました。

これを公式にあてはめると

30,000円 × 20% × 5% ＝ 300円 ≧ 200円
「客単価」　「粗利率」「レスポンス率」　「DM1点当たりのコスト」の2倍

300円はDM1点当たりのコスト100円の3倍となり、このDMは、店の利益につながっていることがわかります。

業種別レスポンス率表（参考）

下の表は業種別にレスポンス率（お買い上げ率）をまとめたものです。業種ごとに客単価やマーケットが異なるため、レスポンス率も違ってきます。あくまでも目安として参考にしてください。

業種	レスポンス率目安（%）
呉服店	5〜7
寝具店	5〜7
婦人・子供服店	7〜10
靴店	7〜10
自動車販売店	4〜10
自転車販売店	3〜5
家具販売店	3〜5
家電販売店	3〜5
スポーツ用品店	7〜10
カメラ・時計・宝石店	5〜7
仏壇・墓石店	2〜3
美容院	15〜20
パチンコ店	10〜15
パン店	20〜30
飲食・レストラン	7〜10
酒販店	14〜20
釣具・手芸品店	15〜20

既存顧客にDM送付を行った場合

（郵便局発行「当たるDMの秘訣」より）

PART 2　DM200%活用術

第9章　これが売れるDM企画だ！

74 ナイターDM催事で売上アップ

●「非日常性」がキーワード

集客の厳しい時代において、DM催事は欠かせない売り出しだが、それを成功につなげるキーワードは「非日常性」である。DM催事の基本は、いつもと何かが違うことを匂わせること。したがって、特別な何かが必要となってくる。そこで、夏の季節催事の1つとしてヒットするのがナイターセール。期間を限定し、7月や8月の月末に実施する。ここで、ある自転車店のケースをご紹介しよう（弊社コンサルタント不破が担当）。

自転車業界もここ数年、マーケットが縮小気味。市場規模は約2500億円。団塊の世代ジュニアが、大学を卒業し自動車に乗るようになると、通学車需要のマーケットが縮小してくる。そのため、自転車全体のマーケットもダウン傾向にある。

企画のポイントは、子供車をどのように拡販していくかである。いかに、子供を早い段階から囲い込んで通学車までつなげていくかということが、これからの自転車店生き残りのカギとなる。

まず、1度買ってもらったお客様に対して、さまざまなDMで告知する。そのためには、自社の顧客リストをいつも整備しておき、いつでもDMを打てるような状態にしておくのである。このナイターセールDMはそんな中の一例である。

●成功させるための演出ポイント

(1) タイトルがユニーク

タイトルも単にナイターセールとせず、〝時間外乱闘セール〟として、夜の7時半から10時まで行う。それによって、いつもと違う催事であるというイメージを演出し、集客する。

夜のセールということで、今までなかなか来店できなかったお客様も、呼び寄せることができた。

(2) 手書き風で目立つ

意図的にDMを手書き風にすることによって、いつもと違う催事であることを演出。目玉品もそれらしく見え、安さ感の演出効果にも一役買ったといえる。レスポンスも4％を超え、普段よりも高い。

ユニークなタイトルのナイターセール

75

定休日特招会で集客アップに大成功

●小さな専門店に有効な手段

競争の激しい業界においては、定休日も営業して少しでもお客様に来て頂きたいというのが本音。ただ、店を開けたからといってお客様が増えるとは限らない。

そこで、定休日1日限りの特別招待会を実施してみよう。DMでの特別催事にすれば、大義名分としての効果も大きい。特に、大型専門店を競争相手にしている小さな専門店には有効な手段である。

ここで紹介する事例は、家電専門店のケースである（弊社コンサルタント三宅が担当）。家電業界の熾烈な競争は広く知られるところだが、ディスカウント専門店の台頭で、本格的な競争時代に突入している。

メーカー系列店は、価格では勝てずにかなりの客を奪われた。その生き残り策として、修理や細かい部品などを販売して、食いつないでいるというのが現状で、唯一の財産は、永年地域密着でやってきた成果である「お客様」を持っているということだ。

地元家電店にとっては、顧客リストが一番の宝。自店の顧客を囲って、うまく販促をすることがポイントであり、新規客を獲得するより、既存客に反復来店してもらうことが重要な戦略となる。

そのため、特紹会を開くわけだが、ただの特紹会では人は集まらない。そこで、〝定休日特紹会〟を開き、「お得意様だけに特別に」という演出をし、集客に成功した。また、DM発送前に電話をかけ「DMをお送りしてよろしいですか？」と事前に許可をとり、絞り込んでDMを出すことに成功した。

成功のポイントをまとめると、①1日限りの定休日の特別招待会として〝特別性〟を演出したこと、②DMの中にふろしきを封入して、それを持参してもらい、来店記念品を包み持って帰ってもらうという方法で演出効果を高めたこと、③また、事前に電話して、「このたび、特別の招待会を開催しますが、DMを送ってよろしいでしょうか？」と確認することにより、発送先を絞ることができ、結果的に30％という高いレスポンスが得られたこと、が挙げられる。

DMに封入した特招会の招待状とチラシ

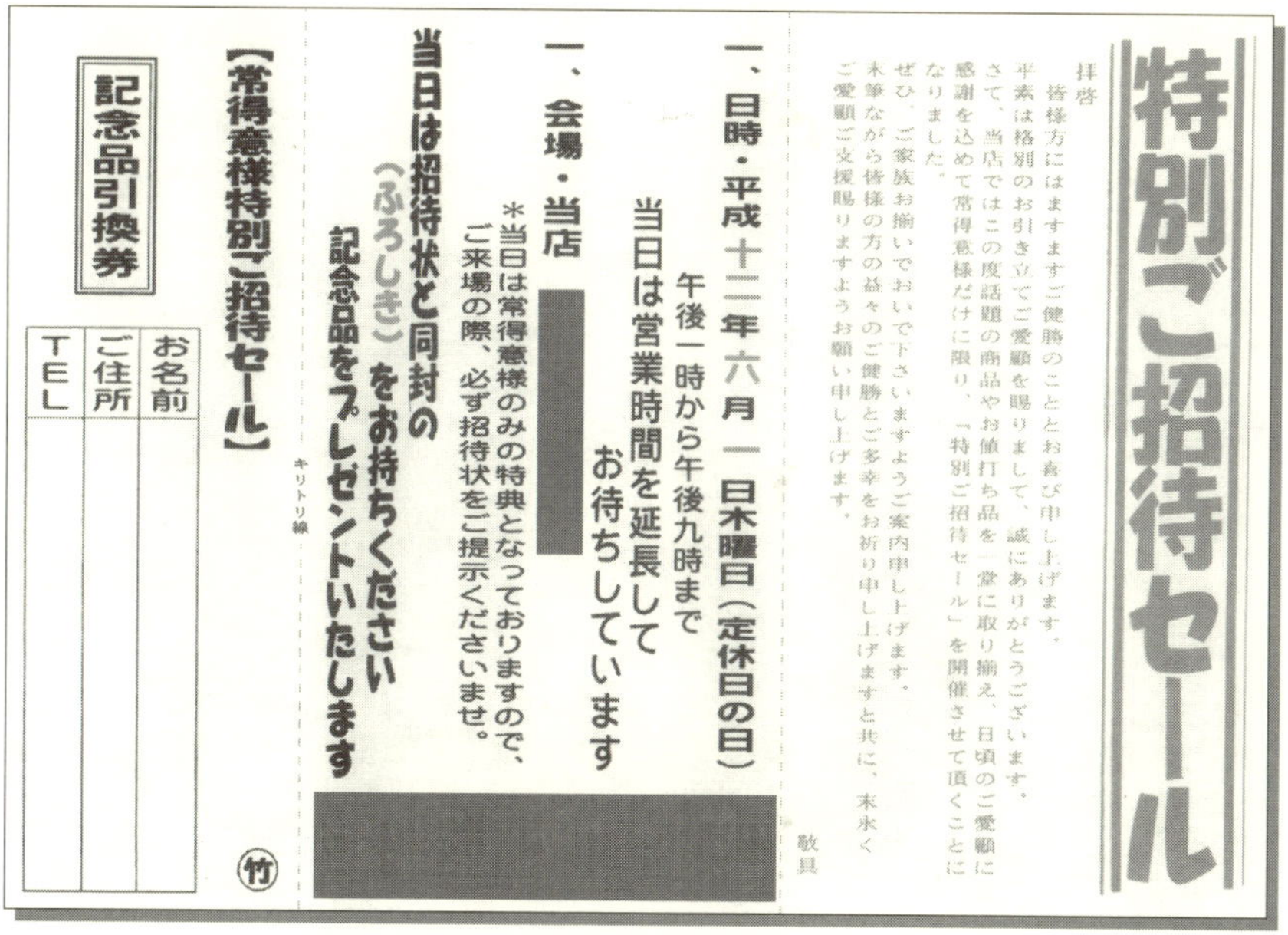

特別ご招待セール

拝啓

皆様方にはますますご健勝のこととお喜び申し上げます。

平素は格別のお引き立てご愛顧を賜りまして、誠にありがとうございます。

さて、当店ではこの度話題の商品やお値打ち品を一堂に取り揃え、日頃のご愛顧に感謝を込めて常得意様だけに限り、「特別ご招待セール」を開催させて頂くことになりました。

ぜひ、ご家族お揃いでおいで下さいますようご案内申し上げます。

末筆ながら皆様の方の益々のご健勝とご多幸をお祈り申し上げますと共に、末永くご愛顧ご支援賜りますようお願い申し上げます。

敬具

一、日時・平成十二年六月一日木曜日（定休日の日）
午後一時から午後九時まで
当日は営業時間を延長して
お待ちしています

一、会場・当店
[redacted]

＊当日は常得意様のみの特典となっておりますので、ご来場の際、必ず招待状をご提示くださいませ。

当日は招待状と同封の（ふろしき）をお持ちください
記念品をプレゼントいたします

[redacted]

キリトリ線

【常得意様特別ご招待セール】

記念品引換券

お名前	
ご住所	
TEL	

竹

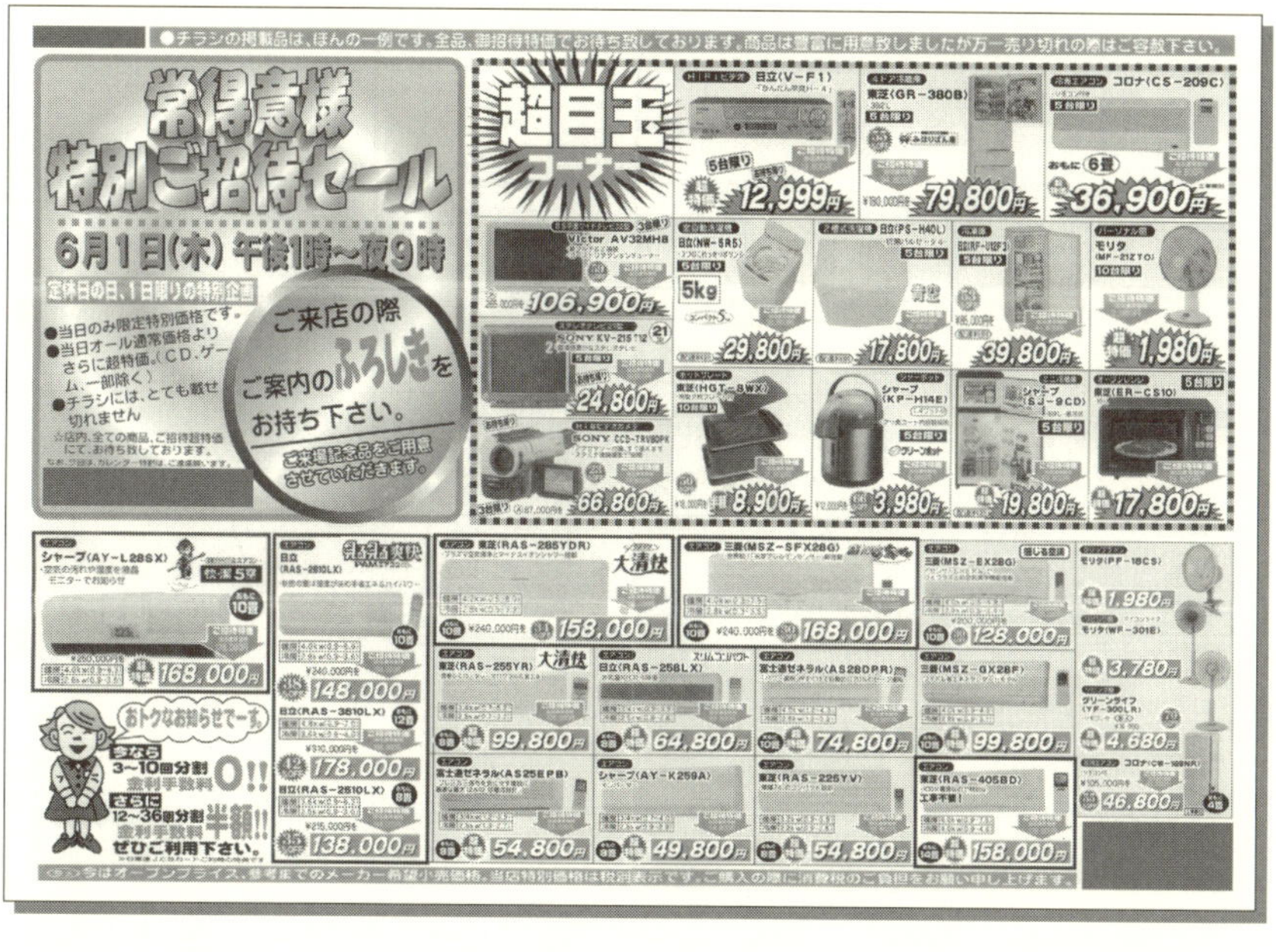

76

シール式ハガキDMを活用する

●情報量は多く、コストは低く

ご存知のとおり、ハガキは50円である。DMマーケティングを行う場合、必ずつきまとうのが郵便コストなので、50円ハガキによるコストダウンは効果が高い。

その反面、欠点もある。一番の悩みは、情報量が少なくなることだ。どうしてもハガキサイズだとスペースが狭いため、情報量が限られてしまう。

そこで、最近よく使われるのが、シール式ハガキDMである。これは、特殊なのりで加工し、折畳式で3つ折りか4つ折りぐらいの大きさで印刷する。それぞれの端にのりをつけて「ここからおはがしください」という見出しをつける。一見、大きさはハガキ大だが、端からはがすと、3倍から5倍の情報量を伝える大きさになる。はがす際の快感も手伝って、このパターンは反応も非常に良い。コスト削減にはもってこいである。

●はがして見てもらう工夫は必要だ

ただ注意しなければならないのは、「ここからおはがしください」を目立たせること。実は、このシール式DM、しくみがよく理解できなくて、はがさず、中を見てもらえないことが多々あるからだ。以前、私どもがセミナーDMで使ったとき、あまりその部分が目立たず、はがさなかったお客様が続出した苦い経験がある。例のように、色を変えたり、少し端を折っておくなどして、すぐわかるようにしておかなければならない。

事例は家具店のDM。従来は、折込チラシを年間50週、DMを年1～2回（来店・購入経験者対象）を実施していた。競合店の低価格チラシとの競争を避け、折込チラシの回数を20%削減し、DMの回数を4倍にしたところ売上減少傾向が止まり、DMの形式をシール式のハガキDMにすることによって、経費削減にもつながった。

内容のポイントだが、オモテ面に催事のタイトル、ウラ面に特典をたくさんつけ、興味を惹き、開けると均一の目玉商品が多く入っているというパターン。

ハガキ面積の6倍のスペースが使えるため、かなり多くの情報量を入れることができる。特に商品を数多く載せられる点は魅力的だ。

6倍のスペースがとれるシール式ハガキDM

77

顧客と単品を絞り込め！

●顧客の属性に注目し、商品ラインを特化

ＤＭマーケティングの基本はセグメンテーション（絞り込み）するということ。いわゆるワン・トゥ・ワンに近づいていくことだが、１人ひとりまったく違うＤＭを打つというのも、労力の割には意外と効果が薄い。

そこでキーワードとなるのが、「属性」という概念。全顧客リストの中からある属性の顧客だけを抽出し、興味のある商品のみに絞って告知していくという方法だ。つまり、「顧客」と「商品」を絞り込んでマーケティングしていくということが大切なのだ。

あるスポーツ専門店の事例で見てみたい（弊社コンサルタント宇都宮が担当）。

スポーツ用品の市場規模は約１兆円。全体のマーケットとしては、横ばい傾向である。パイの奪い合いが激しく、大型専門店やディスカウントストアの安売り競争に巻き込まれず、どのように対応していくかがカギである。そのため、スポーツ全般ではなく、特定分野に特化した一番部門づくりが求められる。

●サッカーに特化したＤＭ作戦と店づくり

売場面積も小さなこの店では、当然フルラインで品揃えするには売場面積が少なく、何かに特化しなければならない。そこで「サッカー」に焦点を絞り、売場、商品を強化。特にシューズは、主力単品であるので、１００アイテムを超える一番化を図り、顧客を増やしていった。その結果、「サッカー」客が集まり、さらに口コミで広がり、今では２０００人のリストが完成。そこに向けて、繰り返しＤＭを打っていったのだ。

販売戦略をチラシからＤＭにシフトしており、ＤＭ回数を増やしてきている。内容もサッカー関連商品に絞り、定期的に「特招会」を実施している。さらに商品もサッカーシューズ単品を打ち込み、サッカーに特化した専門店にふさわしい商品力と売場力をアップさせた。

自店のしっかりしたハウスリスト（顧客名簿）をつくり、いつでも属性別に打てる体制を整えているところが成功のポイントだ。また、ＤＭに毎回違う目玉商品を載せ、お客様を飽きさせない工夫もしている。

サッカーシューズに特化したDM

78

1600人集客の初売りロングラン

●他店のチラシに負けない、DMならではの仕掛け

初売り催事は1年のスタート。この1年、千客万来を願い、多くのお客様においで頂きたいもの。大半の小売店はチラシや新聞などのマス広告を使っているが、最近ではDMを活用する店も増えた。やはり、不景気で原点に帰り、既存のお客様に感謝をこめてご奉仕しようとの考えが出てきたからにちがいない。

ただ、工夫や仕掛けを施さないといけないのも事実だ。媒体を変えただけでは、お客様が戻ってくるはずもない。従来のいわゆる初売りのやり方から一歩前進し、新しい初売りのスタイルに挑戦していかなければならない。

左のチラシのスポーツ店は、そんな初売りの新しいスタイルを確立させて成功している店である（弊社コンサルタント宇都宮が担当）。

新春初売りは、スポーツ店にとって、絶好の集客時期。ただ、競合店もチラシをドンドン打ってくるので、いつも競合対策に悩まされる。大手がチラシでくるのでこちらはDMで勝負するところまで良いのだが、問題はその企画内容だ。

●「ロングラン型初売り」で集客アップ

正月の三が日だけで勝負したのでは、どうしても他店のチラシパワーに負けてしまう。そこで考えられたのが「ロングラン型初売り」。つまり、松が明けても1月いっぱいまで来店してもらおうという狙いである。そのときに打つDMとして挙げられるのは、企画特典型DM。ハガキの裏面に3つの特典を訴求。①〝1月3日だけのお楽しみクジ引き〟で、5000円以上お買い上げの方にくじを引いてもらい、1等1万円の商品券、2等500０円の商品券をあげるという特典。次に、②3日〜10日は、DM持参の方に、会員のポイントをあげるという形で行う。

さらに、ロングランで、③3日〜30日は〝10％オフのパスポート〟をあげるという形で、期間を短期、中期、長期と、それぞれの企画特典を訴求する。ロングラン販促と短期間販促をミックスし、ハガキ1枚で効率的に集客アップに大成功、1600人集客を達成した。

ロングラン型初売りのDM

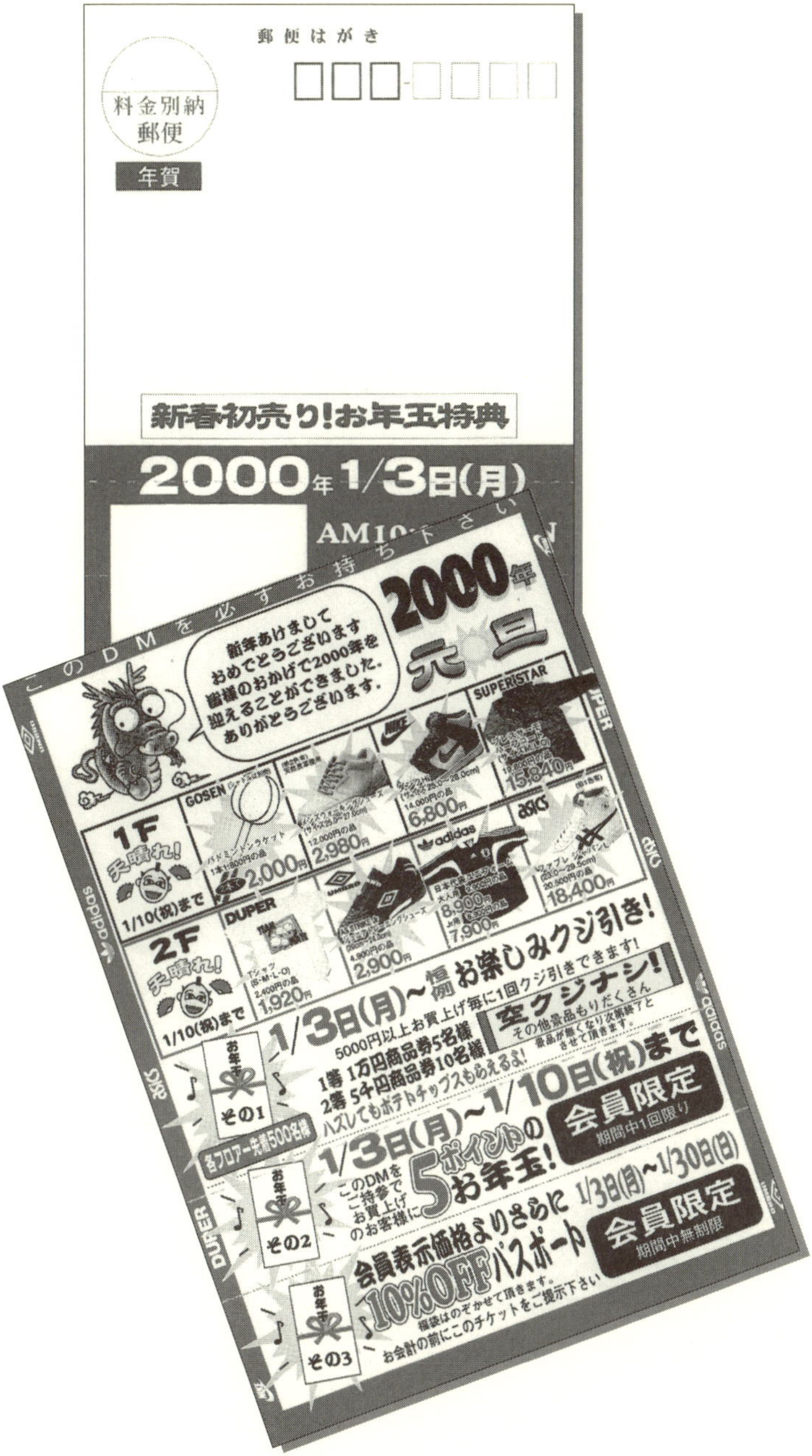

79

ゲーム企画で楽しさ倍増

●ワクワク感の演出が重要な要素

ＤＭ催事はいろいろな仕掛けが重視されるが、その中でも重要なのがワクワク感の演出である。

買い物をする際、お客様にとって重要なのは、商品や値段もさることながら、気持ちよく買い物をしたいということだ。いかにして、楽しく気持ちよくワクワクさせるかということも、ＤＭ作成上、欠かせないポイントである。

ワクワク感を与えるという点では、「ゲーム性」をもたせることが効果的である。事例は中古車センターのＤＭだ（弊社コンサルタント小平が担当）。

自動車業界自体、今、大きな過渡期にあるといえる。特に新車を取り巻く環境が厳しい。それに反して、中古車は横ばい状況。

しかし、中古車センターの大型化がますます進み、その一方で専門特化した店づくりをしていくことが必要になってきている。例えば、中古車でも軽のエアロ車の専門店などだ。

●リピーターを増やすためのゲーム性

そんな中、さまざまな工夫を凝らし、お客様に反復来店してもらうのがポイント。ＤＭでゲーム企画を組むことにより、来場促進を図るのだ。企画の進め方としては、ハガキを持参してくれた人に、店内でカード（トランプ）を1枚引いてもらう。引いてもらったカードの数字とハガキに書いてある〝ラッキーカードナンバー〟との合計により、プレゼント内容が決まるというパターンだ。カード合計の数が多いほど、魅力的なプレゼントがもらえるという内容にしている。また、トランプを使うことで、よりゲーム性を高めることに成功している。

決め手はやはり来店してみないと何が当たるかわからないというところ。つまり、来店前から何がもらえるというのがわかっているとワクワク感が演出できず、集客に結びつきにくいということである。ゲーム企画のみを訴求する場合、このような仕掛けが必要なのだ。

さらに、ロングハガキを使うことによって、開封しなくても企画が伝えられる形にできることも利点だ。

ワクワク感を演出する催事DM(ロングハガキ)

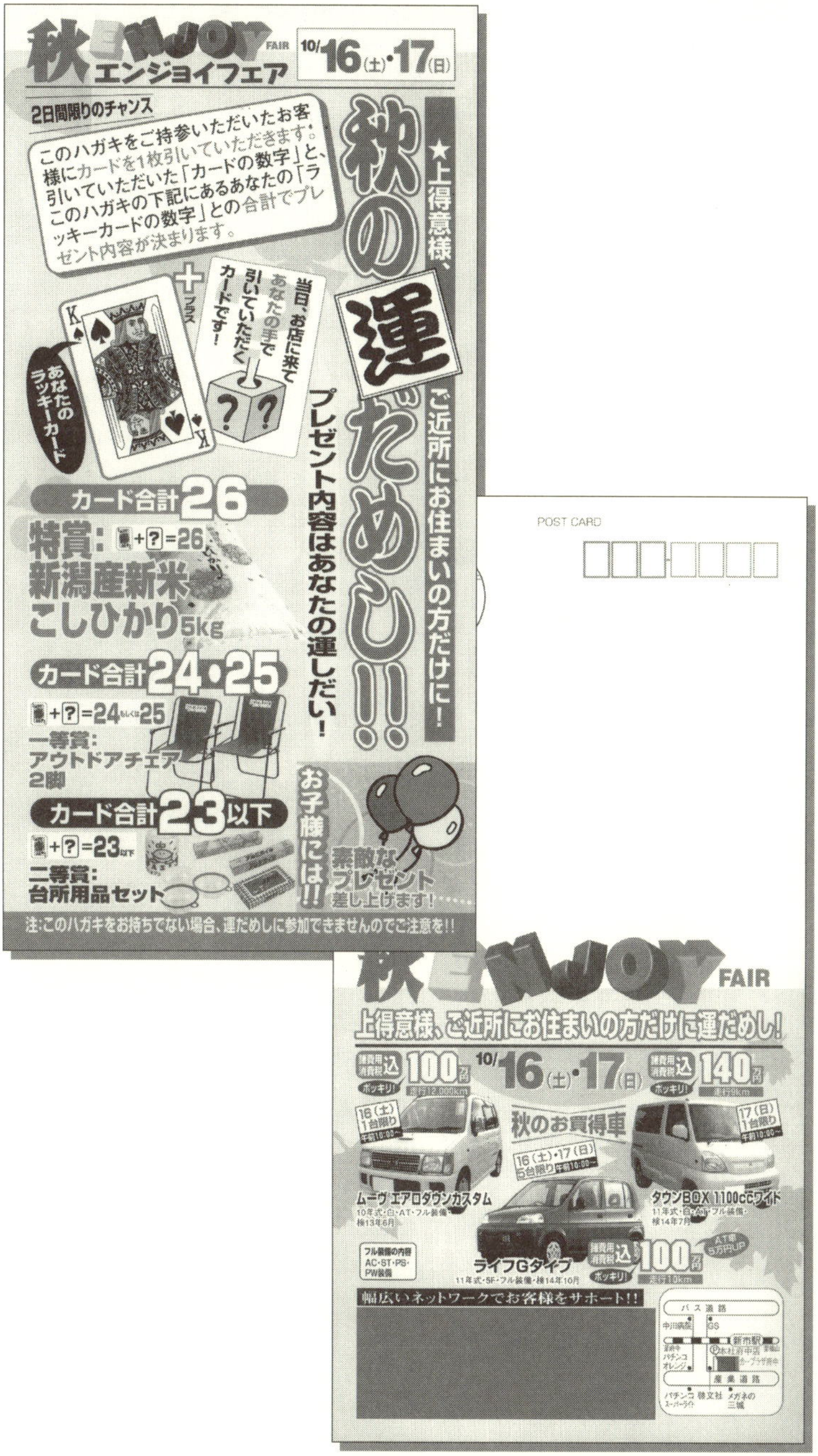

80 秘密の暗号シールで集客アップに成功

●お客様に優越感を与えるテクニック

DMを当てるコツは「あなただけ」「コッソリ」「めったにない」という要素を織りまぜること。これによって、お客様に他とは違うという優越感を与えることで、来店率や成約率を上げていくのである。

いわゆる非公開型催事であり、そのような雰囲気をどのように演出するかがカギとなる。

ある仏壇店では、この催事を定期的にDMに告知（弊社コンサルタント井手が担当）。厳しい仏壇業界の中で、集客、売上アップに成功している。

仏壇業界のマーケットも、新築着工件数の減少とともに、買換え需要が激減。ターゲットはお悔やみ客中心の新規購入層となる。そこで単なるチラシを封入したDMでは、まったく効果がないため、いかにインパクトのあるDMを打つかが、来店率を上げるポイントとなる。

●一般客とDM客の差別化を

そこで亡くなられた方の名簿をもとに、お悔やみ客を対象にDMを打つわけだが、封筒の中に特別招待券や法要のチラシなどを入れて訴求する。さらに案内に、「特別ご招待券　秘密の暗号シール解読書」というものを同封する。これは、ダイレクトメールを受け取ったお客様にしかわからない暗号をつけ、今よりさらに安くなることをPRするものだ。

「激安」と書かれたシールを店内に貼っておき、一般のお客様にはわからないようにし、そのシールの数によって、表示価格よりもさらに割引価格になることが、DMを持っている人にのみわかるようになっている。

例えば、「激安」マーク3つで30％オフ、2つで20％、1つなら10％、というようにしておくのだ。そうすることによって、自分だけが特別ということがわかり、来店率も成約率も上がるのである。

一般客とDM客を差別化し、成約率をアップさせるというテクニック。自分だけが得する気分というのは、特別扱いされたことによるある種の優越感といえる。

この店にとっては、欠かすことのできない定例催事となっている。

DM客の優越感をくすぐる特別ご招待券

[redacted] 秘密の ***THE SALE***

特別ご招待券

〜一般のお客様には絶対ナイショです!!〜

チラシを見て来られるお客様よりも、最大で特価よりさらに
30%も安くお買い求め頂ける

秘密の暗号シール をご用意いたしました。

セール期間中、店内展示のお仏壇の特価札に**「激安」**と書かれたシールが貼ってあります。一般のお客様にはわかりませんが、そのシールの数により表示の特価よりさらに割引のサービスが受けられます。これは、この御招待券をお持ちの方だけの超お得な特典です。

ご来店の際には、この御招待券を必ずお持ち下さいませ。

秘密の暗号シール　解読書

激安 激安 激安 **ズバリ特価より30%OFF**
これを見逃したら一生の損！早い者勝ち!!

激安 激安 —— **ナント特価より20%OFF**
これは超お買い得！来た甲斐ありの20%引き!!

激安 —— **ナクナク特価より10%OFF**
このご時世10%引きは痛い！でも我慢します!!

無印
ギリギリ特価より1万円引き
「これ以上は安くできない」というお仏壇もさらにお買い得に!!

水曜定休

[redacted]

81

色鉛筆DMで来店率をアップ

●〝抽選機能付き色鉛筆〟の活用

第7章でも紹介したが、DMに異物を入れると開封率が上がるのは今や常識。ただ、開けてくれるだけでなく、より来店率が上がるものでないと意味がない。また、あまりかさばるものを入れても、郵便料金が高くなってしまうので、注意しなくてはいけない。

その候補として挙げられるのは〝鉛筆〟である。鉛筆は、そのものが実用品で、かつ大きさ的にも封筒にちょうど入る。また、やや細めのものを選べば、郵便料金も80円でOKだ。

そして、今最も注目を集めているのが「抽選機能付き色鉛筆」である。この色鉛筆は、見た目では何色かわからない。つまり、削らないと色がわからないのだ。このDMは、その色によって、プレゼントが決定されるという仕掛けだ。

●事実上の値引きを抽選で行うアイデア

ある墓石店のケース。墓石店は1度来店したお客様を再来店させることがカギとなる。つまり、1度来店したお客様を確実に成約に結びつけていく、いわゆる〝歩止まり率〟のアップがポイント。そのため、フォローの営業活動を進めていく必要があるのだが、企画性の高いDMを打つことによって、高いレスポンス率を出すことができる。そこでDMに色鉛筆を封入。来店の上、その色鉛筆を店内で削ってもらえば、特賞で10万円分の商品券がプレゼントされるというスタイル。

事実上の値引きだが、単純に一律10万円引きというより、特賞、A賞、B賞、C賞とランクをつけ、抽選方式で行ったほうが、より面白みが出てくる。来店率も上がるし、成約率も高まるという方法だ。色鉛筆によってワクワク感を持たせながら、半強制的に来店させてしまう仕掛けなのだ。

このDM特招会による平均レスポンスは、10%～15%とかなり高い（業種によるが、ただの特招会では、3%～5%が平均レスポンス）。また、異物として鈴など、音が鳴るものも非常に効果的。開封率と来店率の両方をアップさせるものを入れることがポイントだ。

抽選機能付き色鉛筆を使った特招会DM

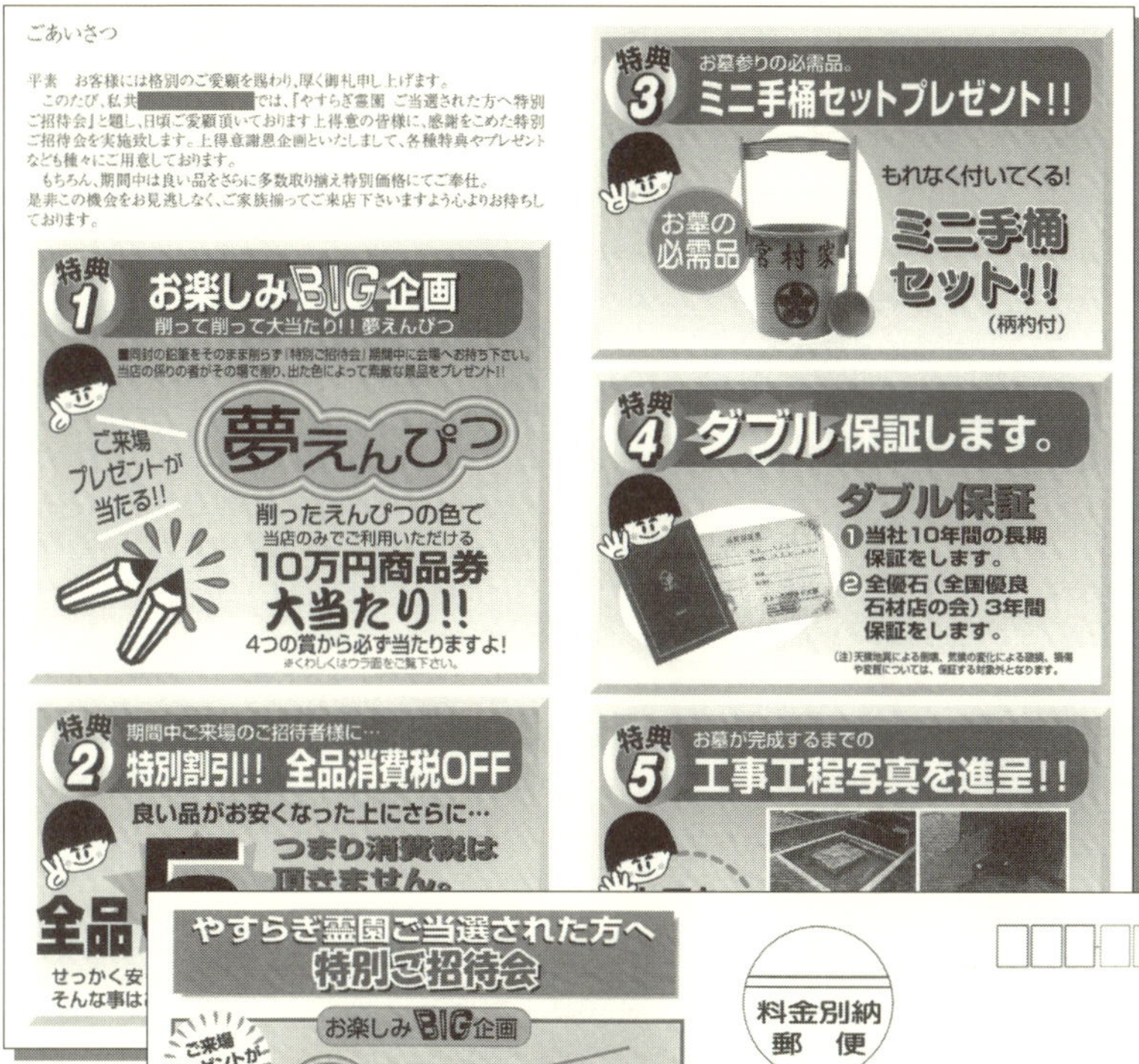

ごあいさつ

平素　お客様には格別のご愛顧を賜わり、厚く御礼申し上げます。

　このたび、私共[redacted]では、「やすらぎ霊園 ご当選された方へ特別ご招待会」と題し、日頃ご愛顧頂いております上得意の皆様に、感謝をこめた特別ご招待会を実施致します。上得意謝恩企画といたしまして、各種特典やプレゼントなども種々にご用意しております。

　もちろん、期間中は良い品をさらに多数取り揃え特別価格にてご奉仕。

是非この機会をお見逃しなく、ご家族揃ってご来店下さいますよう心よりお待ちしております。

82

幸運のカギでさらに来店率アップ

●お客様の気持ちをつかむモノを入れる

開封率アップの手段としていろいろなモノをDMに封入することできる。いわゆる「異物封入」である。

ただ、郵便料金を上げずにという条件で考えると、入れられるのは以下のようなモノになってくる。

・色鉛筆（見た目では色はわからない）
・鈴（小さめで色がついている）
・当たり矢
・カギ

中でもカギは、最近注目されている。

カギは、英語では「キー」。キーワード、キーポイント、キーマンなど、「カギ」という言葉は、多くの場面で「要」「大事なモノ」としての意味で用いられる。そのカギが、DMに入っているということは、何か重要なものを相手に委ねているかの印象を与える。大事なものを与えたという印象づけをすることによって、お客様の強い興味をそそるのだ。

そのカギそのものをDMに入れてしまう。一種の大胆な作戦のようだが、確実にお客様の気持ちをつかむのである。

●ミステリアスな販促ツール

仕掛けはこうだ。DMの中に小さなカギを入れる。大きさは、6～7㎝、郵便料金が80円ですむ大きさだ。まず、お客さんはDMを開けカギを見て、「何だろう?・」と興味を示す。説明を見ると、「そのカギを持って来店すれば、あなたに幸運が訪れます」と書いてある。つられて行ってみると（もちろんカギは持参）、箱がいくつか用意されており、開いた箱に入っているものがもらえるという仕掛けだ。

このように、お客様にミステリアスな気分を味わわせながら来店させることができる。お客様の気持ちを高揚させながら来店させる販促ツールとしては、ピッタリである。

実際の活用例を見ると、ある専門店で２００通のDMを打ち、レスポンスは４%、５万円のDMコストで５０0万円の売上を上げることに成功している。

DMに封入された「幸運のカギ」

LUCKY
幸運のカギで
宝探し！
夢探し！
お送りしたカギが、
あなたに幸運を招きます。
箱の中味は
当日のお楽しみ。
？
▲このカギを当日、ご持参下さい。
素敵なプレゼントが当たる、宝探しにチャレンジできます。
※数に限りがございます。
本状と幸運のカギをご持参の上、お早めにお越し下さい。
LUCKY

83

開封率バツグンの「オルトふうとう」

●低コストで開封率を上げる

世の中には、いわゆるアイデアDMというものはたくさんあるが、えてして効果のないものが多い。面白い形や奇抜なデザインではあるのだが、それがレスポンスに結びつかないということだ。また、制作にコストをかけすぎて費用対効果が合わないというようなケースもしばしばである。特に開封率を上げるという点では、このような課題が浮上してくる。

そこで、あまり制作コストをかけずに開封率が飛躍的に向上するDMを紹介したい。このDMは「オルトふうとう」といって、その名のごとく、まさしく折り畳むだけのDM。B4の用紙を折り畳むだけで1通のDMができあがるのである。

左ページにあるようにB4用紙の両端を折り、さらに4つ折りにする。端と端とを組み合わせるとミニサイズの封書DMとなる。さらに面白いのが、1度開いて裏返して折りなおすと返信封筒に早変わりする。つまり折ると（オルト）DMが完成し、さらに折り返すと返信封筒になる、まさしく「オルトふうとう」なのだ。

●のりを使わないところがミソ

このDMの優れている点は、のりを一切使わないということ。なぜのりを使わないのが良いかだが、実は開封率の一番の妨げになっているのが、口の部分がのり付けで開けにくいということなのだ。人間は元来不精にできているため、開けにくいというだけで、DMはゴミ箱に直行してしまうのだ。のり付けされていなければ、開封率が飛躍的に向上するのはまちがいない。また、見た目もコンパクトで一見個人の手紙のように見えて親しみやすく、中を見たいという欲求をそそられる。

使い方はさまざまだが、例えば、住宅販売会社が住宅購入見込み客に対して建築時期などのアンケートを実施する場合、このオルトふうとうを使うと開封率は上がり、好奇心を刺激するのでアンケート回収率も高くなる。

オルトふうとう（特許申請中）の問い合わせ先
（株）メープルホームズ高松　山下剛史
FAX　087（866）7990

のりを使わない「オルトふうとう」はすぐれもの

開いてみるとこうなる

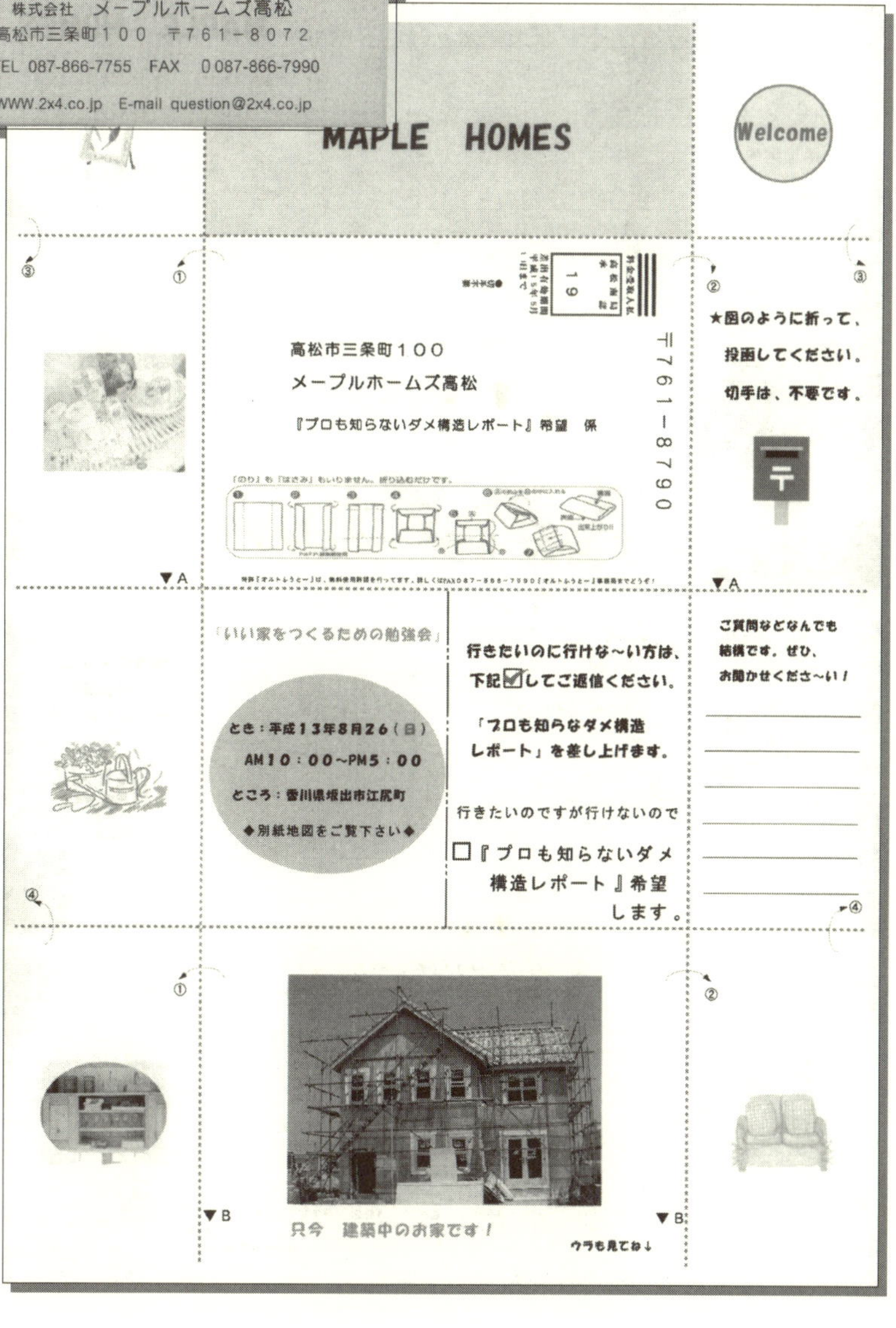

84

年賀ハガキをDMに活用

●あいさつだけの年賀状はいらない

お正月につきものの年賀状。個人間はもちろん、小売店も多くの年賀状を出している。ところがこの年賀状、日本の国民的習慣になっているにもかかわらず、DM企画としてうまく活用しているケースは意外と少ない。ほとんどが、「あけましておめでとう」のあいさつだけで終わっている。

でも考えてほしい。お店から印刷された平凡な年賀状をもらって喜ぶお客様は、はたしてどのくらいいるだろうか？　おそらく皆無に近いだろう。つまり、あいさつだけの年賀状などまったく不要なのだ（もちろん、親しくつき合う常連客はこの限りではない）。

●お年玉抽選番号を利用する

そこで、もっと考えてほしいのが年賀状を使ったDM催事の方法。あるバイクショップが行っているケースを見ていただきたい（弊社コンサルタント不破が担当）。

バイク業界も、大型店、チェーン店の台頭により、地元のバイクショップは窮地に立たされている。価格競争が熾烈になり、新車の利益率が減り、いかに中古車の扱いを増やすかが課題となる。新車と中古車をうまくミックス販売し、利益率を高めていくことが今後の課題だ。

そこで、この新車と中古車を同時に販売しようと、新春の初売りに年賀状を利用したお年玉企画を実行した。お年玉つき年賀ハガキの抽選番号によって、値引き幅を変えるという企画である。

例えば、下4ケタが「2000」の人で、先着4名の方は、ハガキを持参すれば「半額」になるのだ。さらに、下3ケタ当選の人は3万円引き、下2ケタの人は2万円引きというようにする。

さらに、店が送付する年賀状だけでなく、本人に来るすべての年賀状を対象とするため、当たる確率は、非常に高い。したがって、ほとんどの人が何か当たるようになるので、来店する可能性は高まってくる。もちろん、半額になるというケースは少ないが、単なる値引きより、お年玉抽選くじを利用した方法のほうが、大きな効果が期待できる。また、他業種でも応用が可能だ。

お年玉抽選番号を利用した初売りDM

あけましておめでとうございます

今年も全力疾走!

3日(月)・4日(火)・5日(水) 新春初売り!

お年玉付
年賀ハガキの
番号で当たる!

営業時間
3日(月)・4日(火)・5日(水)
AM10:00～PM5:00
6日(木)より平常営業
AM9:30～PM7:00

新春お年玉企画

新春初売「お年玉企画パート1」

原付バイク店頭全車両					スポーツバイク200cc以上 展示在庫全車両				
半額	当選番号	下4ケタ	2000	先着5名様	10万円引	当選番号	下4ケタ	2000	先着3名様
3万円引	当選番号	下3ケタ	777,000	先着10名様	3万円引	当選番号	下3ケタ	777,000	先着5名様
2万円引	当選番号	下2ケタ	22,55,00	先着20名様	2万円引	当選番号	下2ケタ	22,55,00	先着10名様

※対象は展示車両とし、お1人様1枚1回限り有効です。※店頭プライスよりの割引とさせていただきます。
※会社、商店又は企業、団体、組合等の宛名は無効です。友人、知人宛など個人名は有効です。
※必ず平成12年度の「お年玉付年賀ハガキ」をご持参下さい。
※同業者及びメーカー関係者の方は除外させていただきます。

「お年玉企画パート2」

今すぐバイクを買わない人にもチャンス

原付スクーター タイヤ交換前売券
1月3日から3月12日まで有効
通常価格5,000円が
半額 2,500円
(工賃サービス)

原付スクーター バッテリー交換前売券
1月3日から3月12日まで有効
通常価格8,900円が
55%引 4,000円
(工賃サービス)

[redacted]

バイク、部品、用品何でも揃います。販売、修理、車検認証工場!!

買って安心　大きな保証

0120 [redacted]

85

A3の6つ折りDMでシンプルに

●封筒の前面はとても重要

ＤＭ作成のポイントは、届いた時点でお客様に興味を持ってもらうということ。開けなくても、見てすぐに興味をもたせるのがポイントとなる。

そのためにベストなのが、Ａ３の６つ折り判という形。Ａ３の用紙を６つに折ると、ちょうど封書サイズの大きさになるため、コンパクトで一目で見ることができる。封筒の前面となるオモテ面を、うまくつくることが重要だ。

オモテ面のつくり方では何といっても、「宛名まわり」が勝負。宛名は必ず見るので、そのまわりをうまくつくることが、ＤＭ成功の大きな分かれ目となる。かつては、オモテ面の下半分しか広告スペースとして使えなかったが、今では、ほぼ全面が使えるため、すべて広告スペースとして活用するようにしたい。

●キャッチコピーをふんだんに

事例は、関光汽船というフェリー会社の荷物の新規受注のためのＤＭ。ここでは、宛名の上に、具体的なお客様の対象として「関西↓韓国の輸出業者の方へ」とズバリ訴求。また、「とってもお得な情報です」というキャッチフレーズを入れ、「大幅な輸送コストカットとスピードアップが実現」とシンプルに訴え、「関釜フェリーで荷物を運べば、安くて早くて確実に届く」とＰＲ。その下には、「至急」という文字を入れて、「２００２年新春特別キャンペーン実施中！」というような大義名分を入れている。また「30秒だけ中を見て下さい」というのもミソ。

その下には、お客様の悩みを入れ、「こまったな、どうしよう？　そんなときこそ関光汽船です」というフレーズ。また「ココが違う!!　関光汽船５つの特徴」を入れ、自社のポイントを端的にまとめている。文章で書いてもなかなか読んでもらえないので、「箇条書き」でまとめて書くことがポイント。

このようにキャッチコピーをふんだんに入れれば、ＤＭを見た人が興味を持って、開封してくれる確率が高くなるのだ。

豊富なキャッチコピーのA3判6つ折りDM

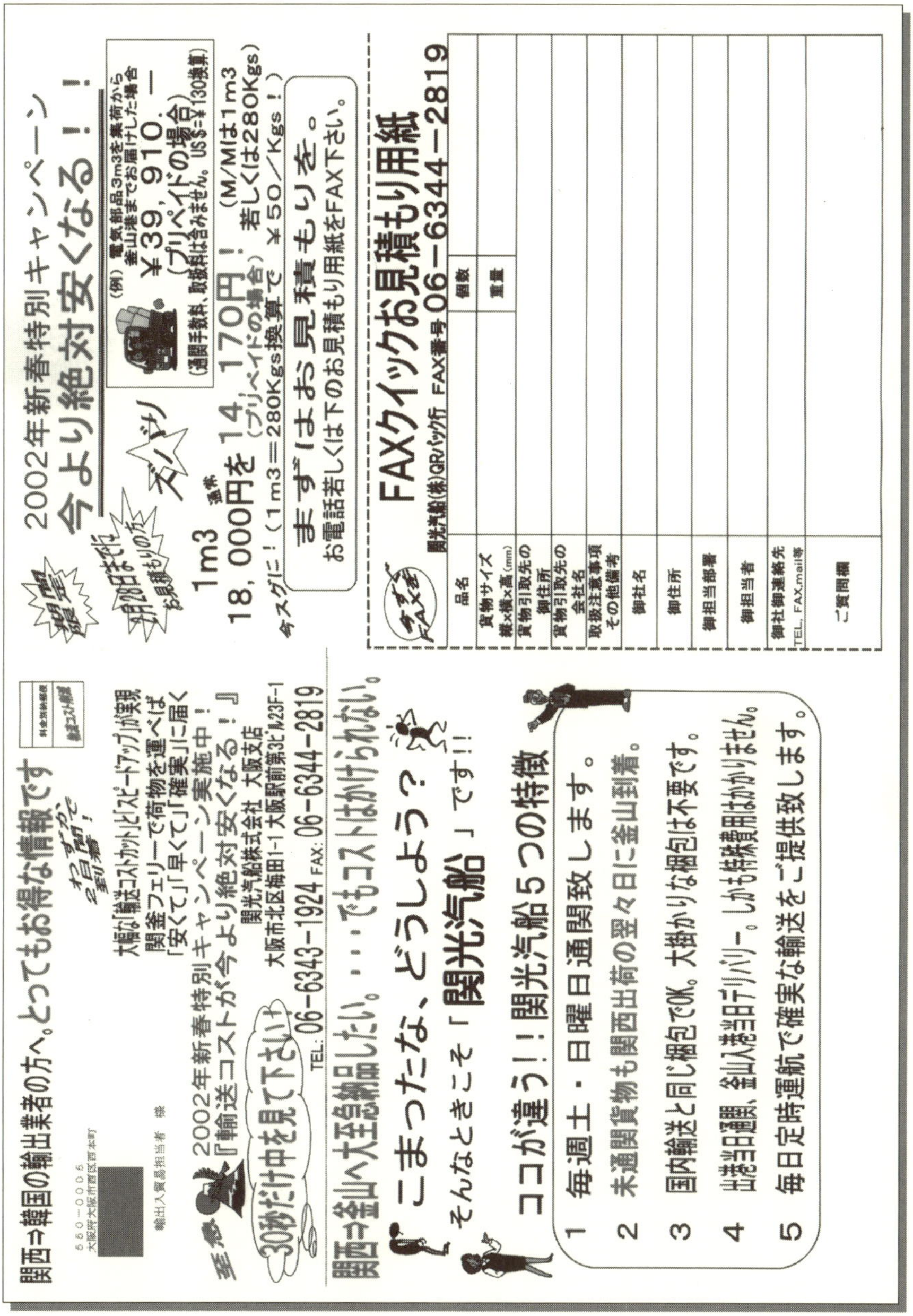

86

1日限り1アイテムの名物催事

●絞り込みの極致。1アイテムのセール

ＤＭ販促で最もレスポンスを上げやすいのは、徹底的に絞り込むということ。上得意のお客様に今一番のおすすめ品を絞り込んでPRすることが、最大の効果を発揮するといってよい。そのためには、常にＶＩＰ客をつかんでいることが大切。そのお客様に、タイムリーに新商品や自社が最も推薦できる商品の情報を伝えることが必要である。

事例は酒販店のケースである（弊社コンサルタント南原が担当）。

酒販店業界も、ディスカウントの台頭により、熾烈な販売競争が激化している。専門店としては、ナショナルブランドを売っていては利益が伸びないので、いかにプライベートブランドをつくるかが課題となっている。特に、日本酒やワインの単品一番化が重要だ。そのためには、専門性をさらに出し、単品の品揃えの豊富さを訴求しなくてはならない。その中から新商品情報などを提供し、来客増を狙うため、固定客に対してＤＭ販促をかけるのだ。

●深夜の販売スタートで大盛況

ワインのボジョレーヌーボーの解禁日を狙う販促例がある。解禁は11月18日（１９９９年の場合）に決まっているので、当日の深夜12時から販売をスタート。深夜２時まで営業するというスタイル。さらに、「非常識特価９８０円」を訴求する。ボジョレーヌーボーファンにとっては、たまらない企画だ。

ＤＭ作成のポイントは、まず手書き風につくり、緊急情報のような雰囲気を匂わせること。

事例では、上得意に対する親しいイメージとお得感を伝えることに成功。キャッチコピーは「どこよりも早く、どこよりも安く！」と、他店との差別化を図っている。さらに解禁１日前に試飲会を開き、前日の集客アップも同時に狙っていく。

レスポンスも上々で30％を超え、店は大盛況だった。新商品を１点突破させた１日限りの特紹会だが、話題の新商品情報を強調した場合の効果は高い。

ボジョレーヌーボーの深夜販売のDM

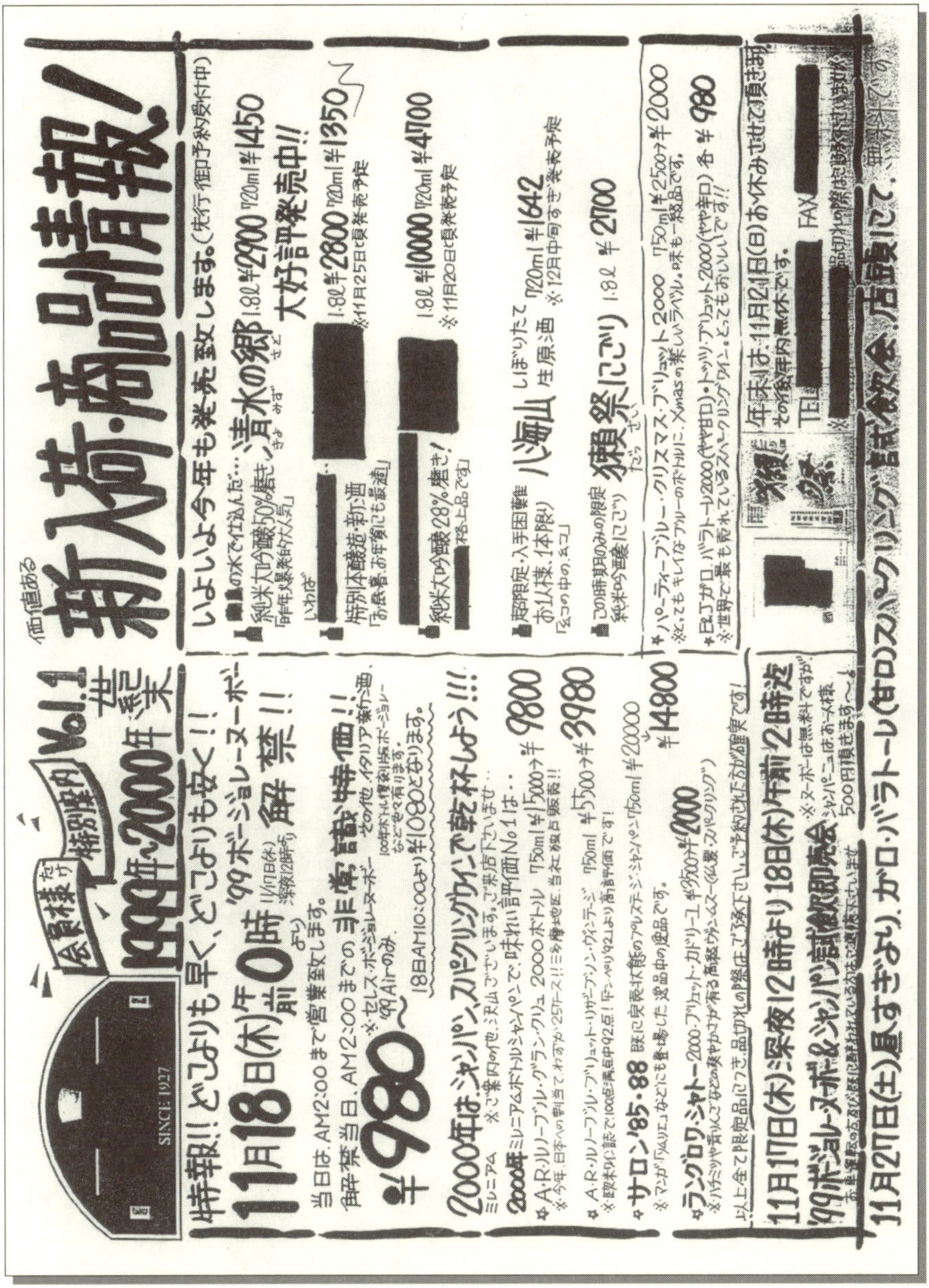

87

往復ハガキで問い合わせアップ

●往復ハガキプラス仕掛けでレスポンスを

見込み客を多くつくるため、往復ハガキDMを利用してレスポンスを増やしている不動産店の事例がある。

往復ハガキの利点は、それだけ情報量が増え、資料請求ハガキとしても使え、そのまま投函すればよいため、問い合わせが増えるということにある。

もちろん、ただ「資料請求をしてください」と言っても、なかなか申し込んでくれる人は少ないので、そこに仕掛けを入れる必要がある。そこで無料進呈として、『失敗しない飲食店向け物件選び7つのポイントレポート』をプレゼントします」と告知を入れる。すると、物件探しで悩んでいる人がこれを見て反応。申込みが増え、レスポンスが高まってくるというわけだ。

このレポートは社長自らが、今までの経験やノウハウを踏まえながら、物件選びのポイントをまとめたものである。

さらに今までは、1枚のハガキに1物件の紹介だけだったが、往復ハガキに変えてから、最低7物件載せることが可能となった。「ギャラリーケイツーがお薦めする飲食店向きお薦め物件7」というように、複数の物件を掲載し、「往復葉書でレポートを請求してください」という案内を入れている。

●意外性と説得力あるタイトルに

次に、DMにはタイトルが必ず必要だが、インパクトがないと、なかなかお客様は読んでくれない。そこで、飲食店の業者の方が、読んでみたいと思うようなキャッチコピーをつけた。「まだ店を出すな！　物件選びは慎重に！」というタイトル。

なぜこういうタイトルをつけたかというと、普通に「飲食店の物件を紹介します」と言っても、誰も見向きもしないからだ。そこで、「もっと慎重に選びましょう」ということをさらに訴えることで意外性を打ち出し、DMの注目率をアップさせている。

この不動産店は、開業以来ほとんどチラシを打っておらず、DM1本で勝負している。年に1万通近いDMで顧客をつかんでいるのだ。

意外性のあるタイトルの往復ハガキDM

飲食店
仲介実績
茨木ＮＯ１

まだ店を出すな！

物件選びは慎重に！


最適な飲食店舗をご紹介致します。

「新店舗を探している」「多店舗展開したい」「独立したい」「オーナーになりたい」方に朗報！！

飲食店で最適なお店を紹介します。さらに葉書でお申し込みの方に「飲食店選び７つのポイントレポート」をﾌﾟﾚｾﾞﾝﾄ

飲食店専門不動産業
茨木市春日１－１－１（春日商店街南入り口）
ギャラリーケイツー
TEL（0726）－24－8651
担当は　西尾　チエです

ギャラリーケイツーがお薦めする
飲食店向きお薦め物件７

①茨木市舟木町　１階部分約２４㎡
保証金１２０万円　家賃６万円
阪急京都線茨木市駅徒歩５分！

②茨木市春日１丁目　１階部分　約２８㎡
保証金　１００万円　家賃８万円
スーパー隣接！

③茨木市春日１丁目　１．２階部分　約５０㎡
保証金　１００万円　家賃８万円
店舗付き住宅！

④高槻市芝生町　１階部分　約３６㎡
保証金６０万円　家賃８万円
府道沿い！

⑤茨木市双葉町　１．２階部分　約４６㎡
保証金300万円　家賃18..9万円
近隣飲食街！

⑥茨木市東大田1丁目　1階部分約100㎡
保証金220万円　家賃22万円
什器備品付き.旧寿司店！

⑦茨木市駅前1丁目　1階部分１２０㎡
保証金400万円　家賃38万円
中央大通に面す（市役所前通り）

郵便往復はがき（返信）

料金受取人払
茨木局承認
659

差出有効期間
平成15年12月31日
返信
切手不要

567－8790

茨木市春日１－１－１

（有）ギャラリーケイツー　行

郵便番号	
御住所	
お名前	
電話番号	
FAX番号	
レポート	必要　　不要
御希望	

飲食店向き物件を
お探しの方に朗報！！

無料進呈

失敗しない飲食店向
物件選び
７つのポイント
レポートﾌﾟﾚｾﾞﾝﾄ！！

飲食店のお店をを出すときのポイントを解説

店舗の物件選びは慎重に！！

お店を開業するのは今がチャンスです。

大企業も一流企業も先のことはわかりません。

保証金も家賃も下がった今が開業のチャンスです
終身雇用、年功序列等世の中が混沌としている今こそ、独立開業には一番適しています。

しかし、店舗選びは細心の注意を払わないと失敗してしまいます。

ギャラリーケイツーオリジナル「失敗しない飲食店向き物件選び７つのポイントレポート」を、お読みいただきたいと思います。往復葉書に必要事項を記入の上ポストに投函するか又はお電話でお申し付け下さい。

88

自社改善ハガキDMで固定客にPR

●真の意味でCRMは実践されているか

ＣＲＭという言葉が巷に広がっている。カスタマー・リレーション・マネジメントの略語である。日本語でいうと、顧客との関係をこれまで以上に密接にしようということになる。この考え方は、もちろん今に始まったことではない。商売であれば古今東西、この考えが必要であることは言うまでもないが、意外と忘れがちでもある。もう一度、今のお客様と密なつながりをもっていこうというのは、大変重要なことである。

だが、口で言っても本当に実践しているところは数少ない。立派な経営理念だけが先行して、行動が伴っていない企業と同じだ。だから、そんな事例があれば素直にマネをすべきだろう。

ＣＲＭの一番の出発点は、お客様の意見をまずたくさん聞くことである。そして、その意見に基づき、会社、店、売場、品揃え、接客を見直し、改善することにある。

●マージャン店の集客作戦

それを徹底しているマージャン店がある。マージャン店が、実際にＣＲＭを実行しているのだ（弊社コンサルタント南原が担当）。

まず業界動向だが、マージャン人口は減少傾向にある。マーケティングでは、いかに明るく楽しい遊びであるかを訴求することがポイントで、そのためには、入りやすくて明るい店づくりをしなくてはならない。暗い従来型の店ではお客様はつかない。主婦や女性客が入れる雰囲気をつくることがポイントだ。業界自体が遅れているため、差別化の切り口は実はたくさんあるのだ。

そこで、現在来店しているお客さんに対して、アンケートをとり、まず名簿を作成する。アンケートの中に、自社への要望欄を設けて、それらの要望を実行した。改善ポイントをハガキの中で訴求し、自店がこんなに変わったとＰＲ。さらに、フリータイム券、生ビール半額券などのクーポン券をつけることで安さ感を演出。２３０組という大集客に成功した。

素直にお客様の意見を取り入れて実行し、それをＤＭでＰＲする、これが真のＣＲＭである。

マージャン店の自社改善DM

1300名の声をもとに改善して参りました。

①新卓を入れ替えました。
②電気を明るくいたしました。
③コーヒーを飲み放題にしました。
④入口にカウンターを設けました。
⑤ドリンクメニューを増やしました。
⑥女性専用卓を設けました。
⑦女性トイレを設けました。
⑧「たこやき」をメニューに入れました。
⑨役一覧表、点数表を置きました。
⑩女性スリッパを設けました。
⑪アイスクリームの種類を増やしました。
⑫エアークリーナーを修理しました。　その他いろいろ・・・

有効期限 5月21日(日)

～1回1卓につき1チケット有効～

8大チケット特典!!

❶1卓料金1時間で3時間OK! **フリータイム券**	❷1卓当たりの料金 **半額券**	❸1卓4杯まで **生ビール半額券**
❽1卓4人前まで **鉄火巻半額券**	 マージャン店 [redacted] 切り取り無効 1回1卓につき1枚	❹全員1杯目! **ドリンク無料券**
❼1卓4杯まで **ビーフカレー半額券**	❻3時間超えた卓料金の **無料券**	❺日曜日のみ 卓料金1時間で 日曜限定 **打ち放題**

あるお客さまに**「こんな店、最悪だ!!」**と言われてから、8ヵ月たちました。昨年7月から今年3月まで計**1300**名のお客さまの声をお聞きし、計**24**つの改善をして参りました。

またご意見下さい。ご要望下さい。

昼間に健康マージャン始めます。

マージャン [redacted]

89 紹介客を引き出すDMの打ち方(1)

●フォローなしに紹介を引き出すのは難しい

紹介キャンペーンというのは、文字どおり、今まで買っていただいたお客様から、新規の紹介を引き出す手法だが、実際に成功している店は少ない。

理由としては、①購買後のアフターフォローを何もせず、都合のいいときだけ「紹介してくれ」ではダメ、②紹介キャンペーンのしくみが悪い、③やみくもにOBのお客様すべてにDMを打っている、の3点である。

紹介を引き出しやすいのは、比較的最近購入したお客様であり、過去3年ぐらいまでのお客様に絞り込んだほうが効率的である。

●顧客満足を高める情報誌の活用

ある墓石店が実際、行ったケース。まず1つ目の課題は「OB客との永続的なつながりと関係を深めるということ」である。

そこで提案したのは、「墓石かわら版」という情報紙をつくり、それを定期的にOB客にDMで送付するというもの。内容は、お墓についてのさまざまな情報である。

例えば、お墓のメンテンスや長持ちさせるための工夫、あるいはお墓以外の健康情報やイベントといった、お年寄りが喜びそうな情報を掲載している。

なぜこのような情報紙が必要かというと、真の顧客満足とは、商品の購入後のアフターフォローで決まるからだ。「本当にあそこで買ってよかった」と思わせることが顧客満足につながり、それが口コミ、紹介へとつながっていく。したがって、「買ってもらったら、もう知らない」的発想はやめ、直ちにアフターフォローのためのしくみをつくるべきである。よく見かけるのが購入前の情報提供や売り込みには全力をつくすが、購入後の情報提供はまったくしないというパターンである。

より顧客満足を高めるため、定期的に情報紙を発行することが肝要だ。3年ぐらい続ければ、お客様も「あの店は私のことを忘れていない」と実感でき、リレーショナルシップを高めていくことができる。その素地をつくった上で紹介キャンペーンなどを仕掛けていけば、その効果が発揮されてくるのである。

OB客に送付する情報紙（墓石店のケース）

[redacted]

墓石かわら版

VOL 2

[redacted]

お彼岸とは？

なぜ、お彼岸にお参りするの？

何故「彼岸」というの？

彼岸という言葉は、インドで使われている言語の一つ、サンスクリット語の「パラミター（**波羅蜜多**）」の漢訳で、「到彼岸」の略だと言われています。

『彼岸＝ひがん』とは、「彼方にある岸」のことで、向こう岸です。大きな海や川をはさんだこちら側は、「此岸＝しがん」です。

仏教では、二つの岸を「悟り」と「迷い」の世界、あるいは「極楽浄土」と「娑婆」にたとえます。私たちには、「あの世」と「この世」、と言いかえた方がぴったりします。

大乗仏教では、**苦しみや迷いの世界の［比岸＝しがん］から、迷いのない悟りの［彼岸＝ひがん］へ到達する**ことを**『到彼岸』**と言って、**そのための修行をすること**を意味します。

漢字では、「波羅蜜」とも書きます。私たちには馴染みがありませんが、菩薩が修行する六つの大切な実践徳目があり、それを**六波羅蜜＝ろくはらみつ**（六度＝ろくどとも言う）と言います。

それを、簡単にご紹介します

一、布施＝財物・教え・安心をあたえること。
二、持戒＝戒律を守ること
三、忍辱＝苦難を堪え忍ぶこと
四、精進＝仏道を実践し励むこと。
五、禅定＝心や精神を統一すること。
六、智恵＝心理を見極め、悟りを完成させる智恵のこと。

私たちの生活に当てはめますと、「人に親切で、人としての生き方を守り、自分のやるべきことを努め、つらさに堪え、しかも感情的にならず、いつも物事の本質を見極める。」ことでしょうか。宮沢賢治の『雨ニモマケズ』という詩が、この六波羅蜜の内容をよくあらわしているように思われます。

春の彼岸は春分の日を中日に、秋の彼岸は秋分の日を中日に、前後三日間を合わせて七日間行われます。お彼岸の中日は、昼夜の長さが等しく、太陽が真東から出て真西へ入ります。**この真西に入る夕日を拝み、その十方億刹の彼方にある阿弥陀様のいる西方浄土（極楽浄土）へ極楽往生するように願う。**という信仰が聖徳太子のころにはすでにあり、現代まで生き続けています。平安時代中ごろから、お彼岸は「亡き人を弔い、極楽浄土を願う日」として、さまざまな階層まで広まったので、お彼岸にお墓参りをする習慣が生まれました。

お彼岸は「入り」・「中日」・「明け」の三つに分けます。お供え物も、「入り団子、中日ぼた餅、明け団子」にします。「入り団子」は山のように盛りつけ、「明け団子」はバラ積みにします。春は小さな花のつぼみ状の「牡丹餅」、秋は開花した平らな「おはぎ餅」にします。地方によりますが、季節感のあるとてもよい言葉に感じます。

『国民の祝日に関する法律』には、春分の日を「自然をたたえ、生物を慈しむ日」、秋分の日は「先祖を敬い、なくなった人を偲ぶ日」とあります。

自然や季節感を忘れがちな現代の人にとって、『お彼岸』はご先祖様を思い起こす、大変よい機会かも知れません。できるだけ、家族そろってお墓参りをしたいものです。

一家そろって、お墓参りしながら、自然の恵みとご先祖様のお陰で今の自分と家族があることを、心から感謝する。それが、日本のお彼岸ではないでしょうか。

『雨ニモマケズ』
宮沢賢治

雨ニモマケズ
風ニモマケズ
雪ニモ夏ノ暑サニモマケヌ
丈夫ナカラダヲモチ
慾ハナク
決シテイカ瞋ラズ
イツモシズカニワラッテイル
一日ニ玄米四合ト
味噌ト少シノ野菜ヲタベ
アラユルコトヲ
ジブンヲカンジョウニ入レズニ
ヨクミキキシワカリ
ソシテワスレズ
野原ノ松ノ林ノ蔭ノ
小サナ茅ブキノ小屋ニイテ
東ニ病気ノコドモアレバ
行ッテ看病シテヤリ
西ニツカレタ母アレバ
行ッテソノ稲ノ束ヲ負イ
南ニ死ニソウナ人アレバ
行ッテコワガラナクテモ
イイトイイ
北ニケンカヤソショウガアレバ
ツマラナイカラヤメロトイイ
ヒデリノトキハナミダヲナガシ
サムサノナツハオロオロアルキ
ミンナニデクノボートヨバレ
ホメラレモセズ
クニモサレズ
ソウイウモノニ
ワタシハナリタイ

我が家の恥ずかしい話

先日我が家では、やっとお墓を建てることができました。普通の家というより、いまどきの家です。長年母は実家から遠く離れていましたので、自分のご先祖様の宗派もうろ覚えとなっており、我が家の近くでは一番徳が高いと聞くご住職に頼んでやっと無事に葬式を済ませることができました。少し、落ち着いたな。と思っていた頃、なんと！宗派が違うというのです。しかも、すでに戒名まで頂いてあったというのです。

改めて、元の宗派に戻るか、このままにするのか、どっちにしても馬鹿な話です。一番迷惑しているのは、亡くなった祖母です。遠く離れた故郷で、先に眠っている祖父とやっと一緒に居られるようになったのに…。このままもめていては、ずっとお墓を立てることが出来ない。「このままでは祖母が浮かばれない、草葉の陰で泣いているかも。」と、心の片隅で気になっていました。そしてやっと決心！『宗派という形を一番に考えるのではなく、後に生きて行く者たちの慈しむ気持ちを大切にしましょう。』と…

自分がこの世に存在しているルーツとなる亡き人たちを偲ぼう。ずっと昔から皆々が家族に支えられて生活してきたように今の自分もある。今ここに自分が在ることは、自分以外の誰かのお陰になっているからと感謝しよう。この根本的なことをできるだけ忘れずにいよう。

そうして、気持ちを込めて手を合わせることにしました。無宗派というのでしょうか。いいえ、私たちを救って下さる仏様をおひと方に決めきれないだけなのです。

こんなこともありますが、お許しくださいませ。合掌

90

紹介客を引き出すDMの打ち方(2)

次の重要ポイントは、紹介キャンペーンのしくみづくりである。

●紹介キャンペーンのしくみづくり

いくら継続的に、情報紙によってOB客との関係を深めていったとしても、魅力ある紹介キャンペーンにしないと紹介は発生しない。まして、めったに買わない高額品で、一生に一度しか買わないような商品であれば、そのマーケットも小さいので、なおさらである。

そのため、紹介キャンペーンを仕掛けるにあたっては、①紹介した側が得するしくみと、②紹介された側が得するしくみの2つを意識してつくらなければならないのである。

具体的には、次のとおりである。

まず、OB客(ご紹介者)の特典として、ご親戚、ご友人の名前を教えて頂いた場合、○○をプレゼント(10000~20000円相当)。

さらに、紹介されたお客様にご成約頂いた場合、豪華温泉宿泊ギフト券もしくは現金5万円プレゼント。

また、紹介をされたお客様へも、「○○様からのご紹介ですので、特別割引ご招待券を郵送させて頂きます」とDMを送る。

●紹介が発生しやすい流れが必要

まず、紹介者の特典として2段階に分ける。

つまり、名前だけ教えて頂いた場合にプレゼント、さらにご成約頂いた場合にも、プレミアムがつくという手法だ。

この場合、当然、紹介されるお客様にも特別割引価格で買えるというメリットがなくてはならない。

また、紹介が発生しやすいように、返信用ハガキを入れることも大事。「これから墓石をお求めになるご親戚、ご友人のお名前を記入し、ご郵送ください」というようにするのだ。これにより、紹介が発生しやすいキャンペーンになっていくのである。

このように、まずOB客との関係をアフターフォローで徹底的に築き、その後、紹介キャンペーンを仕掛けるという流れをつくらなければならない。

紹介キャンペーンのDM例

「お知り合いご紹介してください」

日頃、ご愛顧大変感謝申し上げます。
私どもの会社も今年で**創業七十八年**を迎えることができ、ひとえに　　様のおかげと社員一同、深く感謝しております。
さて、この度は**創業七十八年**を記念し、四月二十八日（土）～五月二十七日（日）の期間に**「ご紹介キャンペーン」**を開催する運びとなりました。
「お墓に興味ある方」・「お墓作りを勉強したいと言う方」・「これから墓石をお求めになる方」・「墓所をお探しの方」などでお知り合いの方がお見えになられましたら、是非ご紹介ください。この「キャンペーン」は、左記のような特典があります。

様の特典

その一、お知り合いの方のお名前等を教えていただいた場合、**「全国共通百貨店ギフト券」**（一名様につき三千円）をプレゼント。［ご成約されなくても差し上げます。］
その二、ご紹介いただいた方がご成約された場合（ご成約金額七十万円以上）、**「御園座観劇ペアご招待券」**もしくは、**「現金五万円」**をプレゼント。

お知り合いの方の特典

その一、　　　　**様のご紹介ですので、「特別割引ご招待券」を郵送にて送らせていただきます。**

同封の**返信用ハガキ**に**「お知り合いの方」**を、ご紹介いただけます必要事項をご記入の上、**郵送**もしくは、**弊社までお持ちください。**（但し、水曜定休とさせていただいております。）
誠に勝手なお手紙で申し訳ございませんが、より**多くの皆様に多くの利益還元**をいたしたいと思っておりますので、たくさんの皆様からのご返事をお待ち申し上げております。

[redacted]

91

読ませるDMレターで相手を誘う

●DMレターは単なるあいさつ文ではない

DMの中に入れる大事なものの1つに、DMレターがある。これはあいさつ文ではなく、まさしく興味を惹き、読ませ、納得させ、注文させるツールである。

事例で説明しよう。左のDMレターは病院の院内感染を防ぐ清掃を請け負う会社のものだ。すなわち、新規の病院を開拓するためのDMだ。今回は、とりわけ感染には意識の高い「産婦人科」向けのDMレターを取り上げてみた。

まずDMレターのポイントは、ただのあいさつ文にならないように、手紙調に書くこと。出だしは「突然のお手紙を差し上げる無礼をお許し下さい」から始める。

さらに、相手の名前を書き、差出人である社名、次に「ぜひ、御一読下さい」というキャッチコピーで注目率を上げる。

本文の出だしは、「新生児11人院内感染、MRSA、1人重症。……」と書いて、新聞記事のタイトルをそのまま抜粋し、「このような新聞記事を最近良く見かけます。これはほんの一例です。ある調査によれば、実際は、その15倍は発生しているといわれています。何故ならば、病医院にはさまざまな病原菌がいるからです」とし、院内感染の実態を知らしめる（不安を煽る）。

そうして読み手の興味が集中してきてから「わが社（アーバン・テック）は何ができるか」を提案していくのだ。

「施行内容に自信を持っています!!　当社の清掃技術を一度お試しください」と。

●相手に迫り、訴えかける

もちろん、すぐに「じゃあ、お願いしよう」とはならない。多くの病院にはすでに他の業者が入っており、すぐに業者を変えるわけにはいかないからだ。そこで「1分で出来る無料清浄度検査」を訴求。とりあえず検査してみましょうと訴える。さらに、「1月31日までの期間限定です」とし、読み手に迫っていく。

相手に訴えかけるように、手紙調で書くのがミソである。

相手に訴えかける調子のDMレター

突然のお手紙を差し上げる無礼をお許し下さい。

[redacted]産婦人科 院長　　　　　　　　　　様

アーバン・テック株式会社
〒577-0065　東大阪市高井田中 1-5-3
東大阪市立産業技術支援センター3F
Tel06-6787-9861　fax06-6787-9862

ぜひ、御一読下さい。

新生児１１人、院内感染。ＭＲＳＡ、１人重症。判明後も隔離せず。

医療ミスで院内感染死。遺族５，９００万円を請求。（毎日新聞）

ＭＲＳＡ、１３人院内感染。死者出ても報告義務なし。（読売新聞）

この様な新聞記事を最近良く見かけます。これはほんの一例です。ある調査によれば、実際は、その 15 倍は発生しているといわれています。何故ならば、病医院にはさまざまな病原菌（細菌・カビ・ウィルス等）がいるからです。

当社独自の、清掃方法、検査器具を用い、病院内の清浄度を大幅にあげることが可能です。

日常清掃に費やす、時間・人件費を削減することができます。

特別なことをする必要はありません。私たちにお任せ下さい。

当社では、**普段、清掃しない所の清掃も徹底致します。**

当社では、**清掃・殺菌は、医療の一環だと考えております。**

万が一、清掃がきちっとした内容でなかったら、これにかかった費用を全額返金致します。

施工内容に自信を持っています！！当社の清掃技術を一度お試しください。

多くの方は、当社の施工内容に対し、「おっ、きれいになったなぁ。」と満足し、喜んで頂いています。

「１分で出来る無料清浄度検査（ＡＴＰ測定法）」

を実施しております。通常、この検査をアウトソーシングすると、少なくとも１７，０００円は必要ですが、当社、専任スタッフにより、無料でさせて頂きます。ＡＴＰ測定器を使用することにより、細菌・カビ・ホコリ・汚れを簡単に発見することができます。**今回は特別に無料とさせて頂きます。**

平成１４年１月３１日までの期間限定です。

別紙の“ＦＡＸお申込み用紙”を今すぐ、お送り下さい。

追　伸

当社は、秘密厳守ですので、お気軽にご相談下さい。

92

顧客の特徴別DMでレスポンス70%

●顧客の情報をしっかりつかむ

顧客名簿の整備というのは非常に大事なことだ。特に反復来店の多い業界はなおのことである。顧客名簿で顧客の情報をしっかり分析し、つかんでおくことはとても大切なことである。

これからは、顧客をいかに維持していくかということが必ずキーワードとなる。今のお客様にずっとお越し頂き続けることが、これからは唯一の生き残り策になっていくことだろう。

●ターゲットを絞ったマーケティングを

そのためにも、顧客リストを大事にしなくてはならないが、特に事例に挙げた美容業界ではとりわけ重要だ。顧客カルテをつくり、それを活用しない手はない。もちろん活用のしかたには工夫が必要だ。

美容業界も、熾烈な競争にさらされている。マーケットは横ばいであるものの、競争激化によって収益ダウンの店が増えている。そんな中で、いかに個性を打ち出すかが、美容業界のキーワードとなっている。世代別、テイスト別の店づくりを志向し、ターゲットを絞ったマーケティングが必要だ。若い女性の好みははっきりしているので、店のカラーの打ち出しが必要となる。DMも、対象客をセグメントしていくことが必要である。

この美容院（弊社コンサルタント梁井が担当）では、自店のカルテから、くせ毛のお客様を対象に、ストレートパーマを訴求する企画を実行。時期は、くせ毛に悩む梅雨の時期を選び、その少し前の5月にDMを打った。「新しい技術を発見いたしました」というメッセージで、〝ハイパーストレート〟を訴求。6月から8月までキャンペーンを行い、レスポンス率70%という驚異の数字を上げることに成功した。まさしく、相手のニーズをつかみ、絞り込んで販促をするというセグメンテーションマーケティングの成功事例である。

このように、顧客リストは宝の山なのだ。しかし、活用していない会社が多すぎる。ただのデータの山ではあまりにももったいない。ぜひ、自社の顧客リストをいま一度分析してほしい。

レスポンスの高い、顧客ターゲットを絞ったDM

新しい技術を発見いたしました

[redacted]では、10年前よりクセ毛でお悩みの方に喜んでいただけるよう、いろいろな薬剤・技法の研究に取り組んできました。

そして、この度、自信をもってお推めできる縮毛矯正メニュー（ハイパーストレート）を新たに開発いたしました。

ハイパーストレートの５つの特徴

１．内巻き、シャギースタイル等、今までのストレートパーマでは出来なかった微妙な髪の表情まで表現できます。

２．どんな剛毛でもボリュームダウンできるので、硬い髪でお悩みの方にもお推めです。

３．髪にやさしいストレートですので、髪の傷みが少なく、切れ毛、枝毛の原因にもなりません。
（今までの縮毛矯正に比べ質感がグ～ンとアップ！！）

４．毎日のお手入れも乾かすだけでサラサラストレート。

５．カラーと同時施術も可能。

そこで、６月～８月末までの期間、ハイパーストレートデビューキャンペーンという事で一般の皆様にお知らせを致します。

その前に、現在[redacted]にご来店頂いているお客様だけに、先行キャンペーンを開催致します。

※先行キャンペーン中は、一般のキャンペーンよりお得です。
この機会に是非ご来店下さい。

93

封筒がチラシになる「ウイルメール」

●氾濫する広告媒体の中で

最近の広告媒体には、さまざまなものがある。

テレビCMをはじめ、新聞広告、ラジオCM、DM、チラシ、インターネットのバナー広告、携帯電話など、不景気にもかかわらず、さまざまな販促媒体が登場してきている。

つまり、消費者にもたらされる情報量は、5年前、10年前に比べると、圧倒的に増えているのだ。ゆえに、1つの媒体を見る時間というのが、確実に短くなっているといえる。

例えば、チラシ1つにしても、10年前は、おそらく1枚ずつじっくり眺めたのだろうが、今は他の媒体を見るのに忙しく、1枚のチラシを見る時間が短くなっているのではないか?

当然、DMにも同じことがいえるわけで、パッと見て、パッと捨てる。そのため、顧客に捨てられないDMにするには、瞬間的に全体を伝えることができるものをつくらなければならない。

●一覧性に優れ、低コストのウイルメール

そのために考え出されたのが、「ウイルメール」という新しいDMである。

このウイルメールは、チラシとDMが一体化しており、封筒を開けるとそのままA2サイズのチラシになるだけでなく、さらにもう1枚、B2サイズのチラシが入っているというDMである。

情報量的にも、通常のチラシの4倍のスペースとなるので、かなりの量が入る。しかも、一目で見渡せる1枚の紙になっているので、非常に見やすい。

よくないDMというのは、封入物がたくさんありすぎて、見る気がしないものだ。そういう点で、このウイルメールは、シンプルでわかりやすい。

さらにコストも意外に安く、同じ面積の冊子をつくるより安くつくので、大量のDMを印刷する通販や量販店にはうってつけである。

このDMは特許申請中で、ウイル・コーポレーションが扱っている。

封筒を広げるとA2判になる「ウイルメール」(封筒表面は左下部分)

問い合わせ先　株式会社ウイル・コーポレーション
東京支店TEL 03-3544-5701　大阪支店TEL 06-6445-9611

PART 2　DM200％活用術

第10章　DMラクラク新規開拓術

94 DMを使って飛び込み訪問にさようなら

●新規開拓の営業手法

企業が成長していく上で、新規開拓は不可欠だ。例えば、店舗はあっても宅配での取引の多い米屋や酒屋、クリーニング屋などは、毎週決まった曜日に、訪問や電話で御用聞き営業をしている。

この御用聞き営業手法は、小商圏内での商売や、ある程度大きな商圏であっても営業部隊が多数いれば、飛び込み訪問でローラーで営業をかけることも可能だが、大半の会社や商店が、御用聞き営業で新規開拓ができるかというと、現実的にはとても無理な話である。なぜなら、飛び込み訪問での営業は「見込みのあるお客様」への訪問ではなく、最初から「エリアをつぶす」的な発想で、お客様になるかわからない段階での営業に、多くの時間と経費をかけるからである。ある程度の成果が上がらなければ、営業効率は極めて悪くなる。

●DMは営業効率改善の切り札

この営業効率の悪さを改善できるのが、DMなのだ。業種や会社によって異なるが、給与・通信費・事務所賃料等、販管費総額を営業社員1人当たりに割り当てた総営業経費は、月間で100～150万円程度といわれている。

コストの比較で見ると、飛び込み訪問の場合、仮に営業社員5人がエリア別に訪問したとして、月間500～750万円の営業経費がかかるが、DMは、制作費・郵送料込みで1通当たり150円として、1万部発送しても150万円だ。

営業効率の比較でも、前者では1人が1日40件の訪問を月間で20日こなし、これを5人分としても4000件しか訪問できない。ここから見込み客を開拓できる確率は、飛び込み訪問では20件につき1件として、月間200件の開拓にとどまるのに対して、DMでは1万部を発送して平均で8～10％のレスポンスが見込めるため、見込み客の開拓数は800～1000件となる。

営業経費をかけた飛び込み訪問に比べて、費用が5分の1に収まり、レスポンスでは4～5倍の差があるDMは非常に効率的な営業手段なのである。

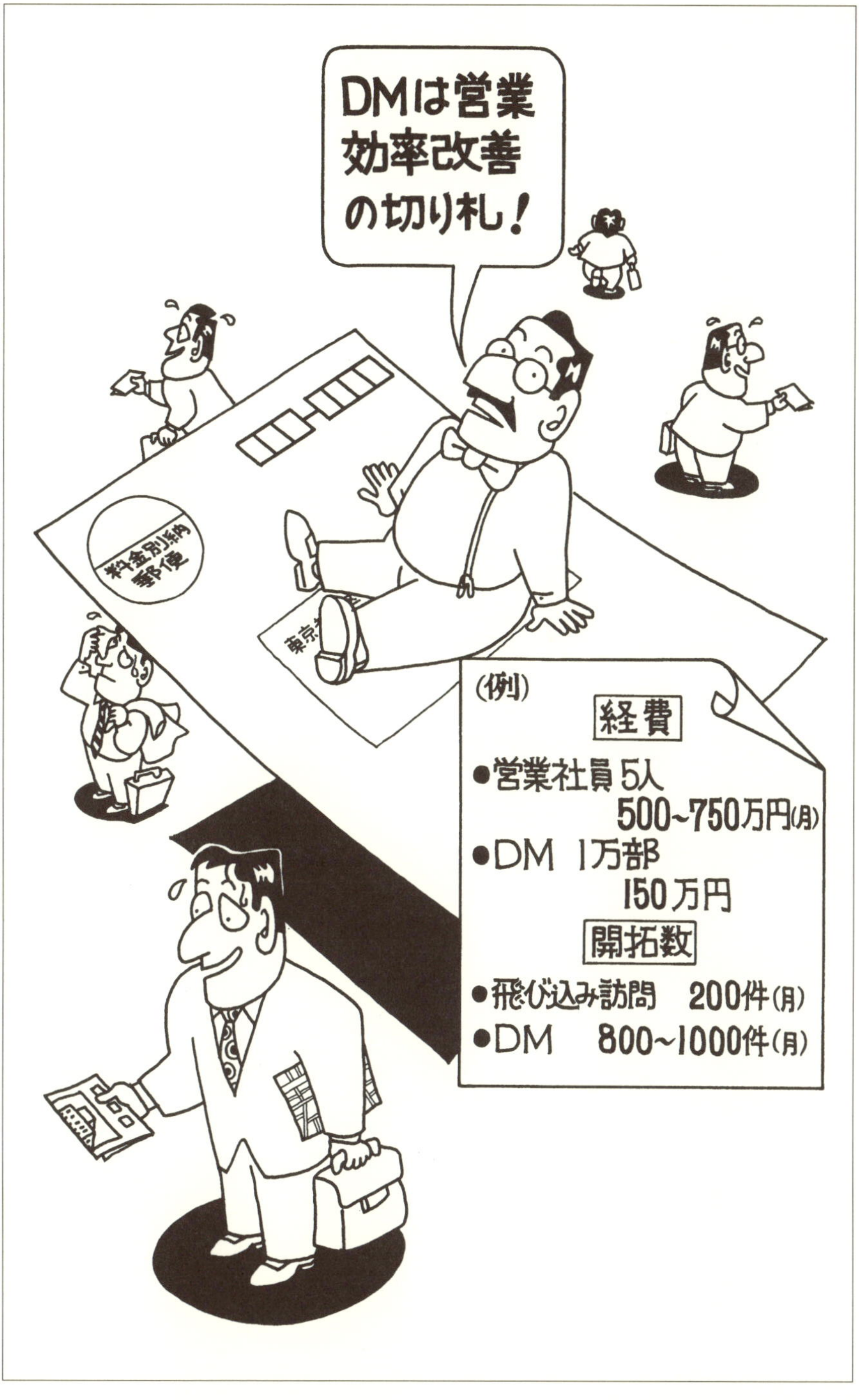
DMは営業効率改善の切り札！
料金別納郵便
(例)
経費
●営業社員 5人 500~750万円(月)
●DM 1万部 150万円
開拓数
●飛び込み訪問 200件(月)
●DM 800~1000件(月)

95 チラシで見込み、DMで刈り取れ

●まず、チラシやポスティングで種をまく

ＤＭで新規開拓をする場合の、営業効率面でのメリットは先に述べた。それでも、見込み客を多く集めるのに、少しでも費用を抑えられることができれば、それに越したことはない。より低費用で見込み客を集め、ＤＭでランクアップした後に刈り取ることができれば、費用対効果的に見ても、より効率的といえる。

ここでは、チラシやポスティングで見込み客を集めて、ＤＭで刈り取る手法の手順について述べる。

●ハウスリストをつくるための仕掛け

まず、チラシを広域に折り込み、広く見込み客を集める。この際のチラシの仕掛けとしては、紙面上に住所・氏名の記入欄のある「割引チケット」や景品の「引き換え券」を印刷しておく。この仕掛けにより、チラシを見て来店するお客様からチケットを回収して、ハウスリスト（自社製作リスト）をつくることができるのである。

この場合、商品の購入を前提とする割引券は、3ランク程度用意したほうが、お客様からすればより使いやすくなる（例えば、石材店のチラシなどでは、購入金額が50万円以上については3万円、１００万円以上については5万円、１５０万円以上については10万円というように、それぞれの割引券が使える最低購入金額を決めて印刷しておく）。

チラシにかかる費用としては、制作費・折込費あわせて1枚当たり10円と考えると、30万人商圏では世帯数が約10万世帯になるので、総費用は１００万円となる。

次にポスティングによって、投函エリアからの見込み客を集める手法である。ポスティングの利点は、反響を見ながらエリアを変えることができる点である。投函物としては、特典案内でもよいし、割引券付チラシでもよい。折込チラシ作成時に合わせてつくれば同じ単価ででき、投函もアルバイトで十分に賄える。

こうしてつくったハウスリストを使って、固定客にするためのＤＭの発送が始まるのである。このチラシ・ポスティング・ＤＭの3つの媒体をうまく使うことによって、自社商圏内でのシェアが上がっていくのだ。

チラシやポスティングで見込み客を集めて、DMで刈り取る！
DM
ハウスリストをつくるための仕掛け……！
セール
割引券
ご住所
お電話

96

発送先リストを整備せよ

●発送先のレスポンスまでリストに反映させる

何度も繰り返すが、極論すればDMの成功は「リストで決まる」と言っても過言ではない。どんなに良い企画や、おもしろい仕掛けがあっても、それを必要としない法人や個人の手元に頻繁に届いたり、転居先不明で返送されてくるリスト客に繰り返し送っていれば、レスポンスは得られないし、費用も無駄ということになる。特にDMの発送先が法人である場合では、事務所移転、商号変更、代表者の交代等が発生することも多い。

DM作戦を立てるとき、まず着手すべきことが「発送先リストの整備」なのである。

「発送先リストの整備」とは、発送先を取捨選択することといえる。つまり、発送前に把握できる「事務所の移転先」「変更後の商号」「交代後の代表者名」などのリスト修正や未着先をリストから除外することは当然としても、DMを繰り返していく中で、得られるデータからの分析結果を発送先リストに反映させなければ、「リストを整備している」とはいえない。

具体的には、レスポンスがあったのはどんな業種の会社で、どの地域に本社や支社の所在地があって、よく発注する商品は何で、単価はいくら、といったことを事細かにデータ分析する必要がある。そのデータから、過去何年間もレスポンスがない業種や会社をリストから除外したり、逆にレスポンスの高い発送先にはDMの発送頻度を上げたり、より高単価の受注が見込める情報内容を提供するといった「ピンポイント対応」も可能になる。

●データ分析を販売戦略に活かす

また、キッチリとデータを分析整理することで、よく売れる商品の価格帯や傾向がわかり、その業種や地域を攻略するための戦略や戦術が立てやすくなるのである。

こうした作業を繰り返してできた自社オリジナルリストも、そのうち毎年数パーセントは減少していく。そのつど、減少した発送先をできるだけ正確に把握し、新規の発送先を定期的に補充していかなければならない。

これを確実に実行できるか否かで、DMの成否は決まっていくのである。

DM作戦を立てるとき、まず着手すべきことが「発送先リストの整備」なのである！
極論すればDMの成功は「リストで決まる」と言っても過言ではない！
リスト

97

テストマーケティングを繰り返せ

●当たる可能性をどう探るか

「このDM企画、このプレミアムなら100％確実に高いレスポンスが得られる」といったことが、DMを打つ段階でわかっていれば、これほど楽で効率的なことはない。しかし残念ながら、DMというものは、打ってみないとわからないというのが現実である。

そんなDMを使った販促活動でも、ある程度「こんな企画やプレミアムであれば、当たる可能性が高い」という確信を持って、DMを打つことも不可能ではない。では、どうやってその可能性を探るのか？

その手法が、テストマーケティングと呼ばれるものである。

テストマーケティングとは、特定の商品や価格、検討中のプレミアム、DMを打つ予定のエリアやリスト（外部リストを使用する場合）について、一度に大量のDMを発送してしまうのではなく、一部について（数千部程度）テスト的に発送し、レスポンスが良ければ大量に発送し、逆に悪ければ、少しずつ内容を変えながら高いレスポンスが得られるパターンを探すといった、仮説と検証を繰り返すことをいう。

どのテストにしても、毎回、レスポンス率として数字で表れてくるため、それ以前のDMとの比較結果は一目瞭然である。

●「勝ちパターン」を発見しても長くは続かない

ここで1つだけ注意しておきたいのは、テストマーケティングの結果得られた、いわゆる「勝ちパターン」は、いつまでも続かないということである。

つまり、何度か繰り返し使われるうちに、レスポンス率は確実に下降してくる。そうなったときにあわてないために、次の一手を常に考えておく必要がある。これは、言い換えればDMの持つ宿命でもある。

しかし、一度に何十万部といった大量ロットを折り込むチラシと比べて、DMは小ロット、小予算でテストができる点で、メリットの高い販促手法といえる。より安全・確実な「勝ちパターン」を模索するためにも、テストマーケティングを実施することをお勧めしたい。

一度に大量のDMを発送してしまうのではなく、一部についてテスト的に発送し、少しずつテストする内容を変えながら高いレスポンスが得られるパターンを探すことをいう
テストマーケティング
「勝ちパターン」を発見しても長くは続かない！そうなったときに慌てないためにも、次の一手を常に考えておく必要がある！

98

DM版テレマーケティングを活用しよう

●DM発送後に行うこと

DMのレスポンスは、お客様に中身を見てもらって、初めて発生する。

開封してもらうためのさまざまな仕掛けや、企画内容に工夫を凝らしてDMを発送し、お客様からの反応を待つことになるが、DM発送後に、もう1つやり残していることがある。

それは、「DM版テレマーケティング」である。

通常のテレマーケティングとは、専任の電話オペレーターが1日に数百件もの電話をかけ、お客様の反応を見ながら見込み客を発掘するというものだが、人件費の面からは、あまり費用対効果が良くない。

そこで最近では、機械が自動的に電話をかけて、アンケートをとり、見込み客を発掘する「オートコール」というシステムがよく利用されている。

オートコールを利用すれば、機械が人の代わりをしてくれるため、オペレーターが電話をかけるより経費が抑えられる。

また、オートコールには、大量かつ確実に、見込み客発掘のためのアプローチをすることができるといった利点がある。

●確かなレスポンスを得るために

ここでいう「DM版テレマーケティング」とは、DMを発送したお客様に対して電話で再案内を行い、来店を促すというものである。

つまり、DM到着後、まだ開封していないお客様には開封を促し、DMの内容を既に見たお客様については、来店を促すためのアプローチをするのである。

馴染みのお得意様に対する催事の案内であれば、このようなフォローをしなくても、そこそこのレスポンスは得られるはずだ。

しかし、新規開拓の場合には、テストマーケティング後に発送したとしても、あなたの「会社名や店名」「所在地」「業種」「DMを送ったという事実」を、電話でしっかり伝えたほうが、より高いレスポンスを期待することができるはずだ。

機械が自動的に電話をかけてアンケートをとり、見込み客を発掘する「オートコール」というシステムがある
DM版
テレマーケティング
DM致着後、まだ開封していないお客様には開封を促し、DMの内容を既に見たお客様については、来店を促すためのアプローチをするのである

99

B to B営業にDMを活用せよ

●飛び込みは非効率な営業スタイル

新規に法人顧客を開拓する場合、飛び込み営業がまず頭に浮かぶ。

よく見かける光景では、オフィス用品やオフィス機器、ときには先物取引の営業社員がアポなしで来ることがある。しかし、アポなしということもあって、この大半は収穫もなく帰っていく。仮に、電話で面会のアポイントがとれたとしても、通常の場合、営業社員は売り込みたい商品の資料を持って訪問し、そして商品の説明をする。しかし、この一連の営業プロセスで取り付けた商談の大半は、霧のごとく消えてしまうことが多いのが現実である。理由は、売り手側からの一方的なアプローチによってセッティングされた商談だからである。これは言い換えると、「数打てば当たる」的な営業スタイルといえる。先にも述べた営業社員1人当たりの営業経費を考えれば、非効率と言わざるをえない。

●「B to B」DMの目的と狙い

この非効率な営業スタイルを改善できるのが、「B to B」DMである。

このDMの目的は、商品に興味を持つお客様自らに、手を挙げてもらうことである。これは、興味のないお客様に無理をして取り付ける商談とは異なり、商談の進行度合がまったく異なる。DMの詳しいつくり方については次項で述べるが、考え方としては次の2つである。

まず1つ目は、お客様に特典を与えることと引き換えに、サンプル申込書兼アンケート用紙に答えてもらうこと。これによって引き合いがあった場合のみ、アポを取って「サンプルを届ける」という大義名分のもとに訪問するのである。

2つ目は、サンプル申込書兼アンケート用紙に、お客様が判断するのに必要な情報を、より多く与えておくということだ。DMの商品説明が長い文章になったとしても、興味のある人は必ず読むはずだし、興味のない人は最初から読まずに捨てるからだ。訪問時に多くを伝えようとは考えず、前もって情報の大半を伝えておくことが、重要なポイントとなる。

お客様に特典を与えることと引き換えに、サンプル申込書兼アンケート用紙に答えてもらう……
訪問時に多くを伝えようとは考えず、前もって情報の大半を伝えておくことが重要なポイント！
BtoB
SAMPLE
いざ訪問!!

100 BtoB向けDMのつくり方のポイント

●高いハードルをいかに越えるか

うまく活用できれば、非常に効率的に新規開拓が可能な「BtoB」DMだが、このDMは、個人消費者を対象とした「BtoC」DMと比較しても、ハードルの高いものといえる。それは、法人が受け取るDMの量が一般的に多いことと、就業時間中に不意に送られてくるという「タイミングの悪さ」にある。しかも、代表者宛に送りたい場合でも、単なる「セールスのDM」と認識されると、社長の手元には届かず、読まれる前に秘書の手によって捨てられてしまうし、宛名を個人名まで記入せずに社名のみの記入としてしまうと、社内で行き場がなくなり、気がつけばゴミ箱行きとなってしまうからだ。

●難関突破のための3つのポイント

「BtoB」DMの成否、つまり読まれるか否かは、到達した瞬間に決まるといっても過言ではない。

この「一瞬の難関を突破する」ためのポイントは、次の3点に集約される。

まず1つ目は、外部リストを入手しテストマーケティングを繰り返すことで、より良質な法人版ハウスリストをつくること。その際、できる限り個人名までの落とし込みを図ることである。

2つ目は、外封筒や封入物の打ち出しタイトルを「意外性」のあるものにする。例えば、「もれなく、○○に役立つ本をプレゼント」として、単に「得をするだけで、決して損はしない」ことを打ち出したり、不動産業に関連したものであれば「永久に高い固定資産税を払い続けますか？」というように「今のムダの多い状態から脱しましょう」といった趣旨を訴えかけていく。

3つ目は、開封を促すための異物封入を必ず行うということだ。ビジネスDMであるため、ボールペンやレターナイフ、スケールといった、もらってうれしい小物文房具を使うと効果的である。その際、小技として、封筒の一部に小窓をつくって文房具を外から見せたほうが、よりレスポンスが高くなる。

以上、この3点すべてを実行することで、より多くのレスポンスが得られるようになるだろう。

外封筒や
封入物の打ち出し
タイトルを 意外性
のあるものに
する
できるかぎり
個人名までの落とし込みを図ること
開封を促す
ための異物封入
を必ず行う
この3点、すべてを
実行することで、より
多くのレスポンスが
得られるようになる！

著者略歴

小野　達郎（おの　たつろう）

1963年生まれ。関西大学卒業。現在、㈱船井総合研究所取締役執行役員第一経営支援部部長。1987年、船井総合研究所に入社以来、一貫して小売業を中心とした流通業の“即時業績アップ”指導を行なっている。200社以上の顧問先の成功事例をベースにした、具体的な現場指導には定評がある。また、販売促進に関するコンサルティングは、船井総研内でもNo.1である。
著書として、『当たる「チラシ」はこうつくる』、『当たる「DM」はこうつくる』（共に、こう書房）、『「元気な店」にするための繁盛大作戦！』（同文舘出版）、『消費・商品トレンド』（実業之日本社・共著）などがある。

金子　男也（かねこ　だんや）

1967年生まれ。独協大学卒業。現在、㈱船井総合研究所第一経営支援部チーフコンサルタント。日本全国を飛び回り、小売業・サービス業等の経営支援を行なっている。アカデミックかつ泥臭い支援スタイルが人気。とくにペット業界に関するコンサルティングでは、船井総研内でもNo.1という定評がある。

平田　康人（ひらた　やすひと）

大学卒業後、大手不動産会社、船井総合研究所を経て「不動産インターネットオークション」を運営する㈱アイディーユーに入社。チラシ・DM作成ノウハウを武器に、優良な不動産を所有する個人及び事業法人を次々開拓。開発用地、収益ビル等をオークションにより売却し、落札総額は537億円（平成19年8月期）を達成。

必ず繁盛店！　チラシ・DM200%活用の極意

平成14年7月5日　初版発行
平成19年11月20日　8版発行

著　者――小野達郎／金子男也／平田康人

発行者――中島朝彦

発行所――同文舘出版株式会社

東京都千代田区神田神保町1-41　〒101-0051
電話　営業03(3294)1801 編集03(3294)1803
振替00100-8-42935　http://www.dobunkan.co.jp

ISBN4-495-55931-1
印刷／製本：東洋経済印刷　Printed in Japan 2002